キャリアの選択肢が増えて
人生の可能性が広がる

リスキリング大全

清水久三子
Kumiko Shimizu

東洋経済新報社

リスキリングで新しいキャリアと年収を手に入れる
——少し長めの「まえがき」

なぜ今リスキリングなのか

本書ではこれから、新しいキャリアを手に入れたり収入をアップさせるためのリスキリングの方法、しかもそれを上手にやる方法を紹介していきます。でも、その前に少しだけ「リスキリング」という言葉の説明をさせてください。

リスキリングとは、現在の職場や産業のニーズに合わせて、ビジネスパーソンが自分の職業や役割に必要なスキルや知識を更新し、新しい技術や業務に適応するために、自己啓発や継続的な学習を行うことです。

新しいスキルや能力を身につけることと聞くと、「これまでだって仕事に必要なスキルを身につけるために学んできたよ」と思うかもしれませんが、リスキリングは今進行している大きな産業構造の変化と関係しているのです。

今、私たちはどんな産業構造の変化の只中にいるのかと考えてみると、ＤＸ（デジタルトランスフォーメーション）とＧＸ（グリーントランスフォーメーション）の２つがあげられます。多くのビジネスパーソンに直接影響を与えるのは何と言ってもＤＸでしょう。

また、新型コロナウイルス感染症（COVID-19）・パンデミックは社会のあり方や働き方に大きく影響を与えました。コロナ禍以前と完全に同じ状態に戻ることは恐らくありません。ＤＸの必然性やパンデミックが加速したこの状況から、歴史的に大きなリスキリングが広範囲で必要となることは自明の理です。

日本では２０２１年2月26日に開催された経済産業省「第２回デジタル時代の人材政策に関する検討会」において、リスキリングの必要性が触れられ、２０２２年10月の岸田首相の所信表明演説でリスキリング支援として１ 投じると表明したのは記憶に新しいところです。

また日経リスキリングサミットでは首相自ら登 て、以下の三本柱を発表し、リスキリングという言葉は脚光

①転職・副業を受け入れる企業や非正規雇用を正規に転換する企業への支援
②在職者のリスキリングから転職までを一括支援
③従業員を訓練する企業への補助拡充

このリスキリング施策で目指しているものは2つあります。**1つ目は「雇用の維持」**、**2つ目は「成長分野への人材の移動」**です。

政府がリスキリングを後押しするワケ

1つ目の雇用の維持は、デジタル化が進むことで多くの人が職を失う技術的失業を防ぐことを目的としています。AIやロボットによって置き換えられる可能性がある仕事は、単純作業や繰り返し作業、ルーティンワークなどがよくあげられていましたが、ChatGPTのような高度な言語処理が可能な対話型AIによって、影響を受ける職業はさらに広がります。

2つ目の成長分野への人材の移動は、特に日本においては非常に重要な問題です。前述の岸田内閣のリスキリング施策には「転職」という言葉が2度出てきます。これは成長産業に人材移動を促すことを主眼としたリスキリングを支援するということです。日本では、終身雇用や年功序列といった日本型雇用システムが、労働市場の硬直化を招き、成長分野への労働移動を妨げ、生産性の低下にもつながっています。

この状況を打破しようと、政府は労働者を新しい成長分野に移動させることで産業構造の転換を後押しし、労働生産性の向上および持続的な賃上げにつなげたいと考えているわけです。これは「雇用維持」から「労働移動」へと政策の大きな転換を表しているといえるでしょう。

今までの学びとリスキリングの違い

リスキリングとは何かをしっかりと理解するために、これまでの学び方や、近年よく耳にする学び方と比較してみましょう。リスキリング、アップスキリング、リカレント、独学、資格取得という5つの学びについて違いを一覧表にまとめています。

それぞれ重なる部分もありますが、大きく目指すものややり方の違いというものを見ていくと、よりリスキリングの学びとは何かが明確になってきます。

図表0-1

比較表

	Why 目的	What 何を学ぶか	How どう学ぶか	例
リスキリング	新しい仕事・職に就くための直近のキャリア形成	新しい仕事・職に必要な実践的なスキルやノウハウ	新しい仕事に就いた後、もしくは職を変えることを前提とした越境などを行い、模索しながら学ぶ	●DXプロジェクトにアサインされ、AIをどう活用するかを学ぶ ●オペレーターから成長分野のマーケティング職への転身
アップスキリング（従来の学び）	現在の仕事・職を熟練させたり、生産性を向上させる	現在の仕事・職を高度化するためのスキルやノウハウ	現在の仕事をしながら関連する研修やOJTなどで学ぶ	●営業で提案力をあげるためにプレゼンスキルを向上させる ●係長から課長に昇進し、リーダーシップを学ぶ
リカレント	人生を豊かにする中長期的キャリア形成	これまでやってきた仕事に関する体系的な学問分野、将来的に市場価値向上につながる分野	学校教育を受け、仕事に就いた後、一時的に仕事を離れて再び教育を受ける	●MBAを取得する ●海外の大学のMOOCでコンピュータサイエンスを学ぶ
独学	スキルアップ、自己啓発、キャリア形成、趣味など目的は様々	ビジネススキル、教養、語学、資格など	ある程度確立された分野を教育機関などを使わずに独りで学ぶ	●スクールや教育機関への通学や留学をせずに、語学やプログラミングなどを習得する ●教養を学ぶ
資格取得	スキル・ノウハウの取得とその証明	資格取得に必要と定義されたスキルやノウハウ	資格教材や資格取得の教育機関のカリキュラムに則って学ぶ	●FP（ファイナンシャルプランナー） ●社会保険労務士 ●行政書士　など

リスキリング vs アップスキリング

「新しい仕事」か「今の仕事か」が最も大きな違いです。従来の企業研修は、アップスキルのためのプログラムがほとんどでした。一方で、リスキリングは新しい仕事に就くことが前提です。あるいは他部門や社外で働くことによって学びを得る越境学習やプロジェクト参加によって、今と異なる環境で働いてどんなスキルが必要なのかを模索しながら学ぶこともあります。これがアップスキルの学び方との大きな違いです。

リスキリング vs リカレント

リカレントは一定期間、職を離れて、教育機関に入ることが大きな特徴です。これまで仕事で得てきたことを体系的に学び直したり、新しい領域を汎用的・総合的に学ぶことによって中長期のキャリアのための準備をするということがリカレントの目的です。そこが直近の（概ね1年以内がひとつの目安）仕事に就くためのリスキリングとの違いです。

リスキリング vs 独学

独学はビジネススキルや教養、趣味などジャンルを問いません。身につけたいスキル領域を独学で習得することももちろんありえます。リスキリングは比較的新しい領域のスキルを身につけることが多く、その領域が体系的になっていないことが多い傾向にあります。仕事をしながら必要なスキル・ノウハウは何かを模索しながら身につける点が、独学との違いといえるでしょう。

リスキリングvs資格取得

資格がリスキリングに必要な場合もありますが、資格取得が目的化してしまうと、新しい仕事に就けない場合もあります。従来の資格には資格ビジネスとして産業化しているものが多くあります。産業化しているということは、「枯れた領域」であることも多いでしょう。

資格取得は、一定の要件を満たすことで認定されるため、明確な目標があり、取り組みやすいです。しかし、**リスキリングは新しい職業に就くことを目的にしている**ので、闇雲に資格取得に走らず、その資格が本当に必要なのかを考える必要があります。

リスキリングに躊躇&失敗する人が多いのはなぜか

ここまで、リスキリングの目指すところと従来の学びとの違いについてお話ししてきました。リスキリングは国や企業も後押ししている、これからの時代に必要なことだということが、お分かりいただけたと思います。

なのに何故かリスキリングに前向きな気持ちを抱けないという「リスキリングアレルギー」を持っている人は多いようです。読者の皆さんの中にも、「学んでも、どう新しい仕事に結びつけるのかイメージが湧かない」という方がいるかもしれません。

リスキリングに対するアレルギーは**マインドとスキルの問題**に由来します。マインドの問題として大きいのは、新しいことに取り組む際の「どうせやっても無理」「そんな上手くいくはずがない」というメンタルブロックの存在です。通常のスキルアップの学びと比べて、リスキリングは新たな仕事に対応するという高い目標があるため、メンタルブロックを持つ人は非常に多いのです。

一方、スキルの問題というのは、仕事に必要な個別スキルの問題ではなく、リスキリングを成功させるスキルがないという問題を意味しています。リスキリングは学生時代の試験のための勉強とは大きく異なります。また、単一のスキルや資格を取得できたらそれでOKというわけではありません。新しい仕事で成果をあげるためのスキルを身につけるのですから、そのやり方を知らなければ、一生懸命まじめに頑張って勉強したのに思うような結果が出なかったという状態になっても、おかしくはないのです。

つまり、リスキリングを成功させるためのスキルがなければ、どれだけ努力しても、リスキリングは上手くいかないということになります。

リスキリングが上手くいかないのはマインドとスキルの問題だと述べました。本書は、まさにこの2つを変革してリスキリングを成功させるためのノウハウを提供することを目的としています。

ここで私がなぜこの本を書くにいたったのか説明するために、私自身のキャリアとリスキリングのヒストリーをご紹介します。

リスキリングには必勝法がある

一度目のリスキリングを経験したのは、20代で転職した時のことです。新卒で入社した大手アパレル企業から、外資系コンサルティング会社に転職したところ、あまりのカルチャーギャップに心身ともにかなりの苦戦を強いられたことを覚えています。一方で、新しい仕事に就いて成果を出すためのノウハウは、確実に自分のものになりました。

30代に突入し、企業変革戦略コンサルティング部門でリーダーを任されるようになり、数々の大手企業の変革のお手伝いをしました。企業が新しいやり方を導入して変革する際には、様々な抵抗や試練があります。それを乗り越えるためにはノウハウが必要です。ここで獲得した企業変革を実現するための方法論は、個人にも活かせるものでした。そこで、私自身のためのリスキリング方法を体系化していきました。

30代後半になると、人材育成部門のリーダーとなり、数千人のコンサルタントやエンジニアのスキル開発に携わることになります。リスキリングに成功する人・失敗する人の例を多数見たことで、自分自身のリスキリングの成功確率を高められました。

40代になり、独立するために、会社を辞めて起業しました。そこで、二度目の大きなリスキリングを経験することになります。会社員時代と異なり、独立をしてからは、求められる成果や役割、スキルなどが白紙の状態で、試行錯誤を繰り返しました。この経験によって、曖昧な状況下におけるリスキリングノウハウが強化されたと確信しています。

最短で成功に導くリスキリング

このように、自分自身がリスキリングを行ってきたことと、人材育成部門のリーダーとして数千人のリスキリングを支援してきた経験により、成功確率の高いリスキリングノウハウを体系化することができました。リスキリングの成功には、マインドとスキルの変革がセットで必要です。この両輪で動かすことを知らなければ、リスキリングはなかなか上手くいきません。

私自身もコンサルタントへ転身した際や、独立した時には大きな葛藤がありました。今思えば、何をどう身につけたらいいのかがよく分からなかったり、スキルは身についた気がするけれども、どうも自信が持てなくて成果につながらない状態だったりしました。リスキリングを成功させるための方法を知らないがゆえに、無駄な回り道をしていたように思います。

本書をお読みになる皆さんには、成功するやり方を知ったうえでリスキリングに取り組み、心身ともに健やかに自己変革をしていただきたいと思っています。

稼ぐためのリスキリング

本書で目指すのはあくまでも学ぶだけにとどまらない「**稼ぐためのリスキリング**」です。学ぶことだけでも十分楽しいのですが、本書ではそれは封印して、学びを稼ぎと結びつける方法をお伝えします。

本書を読むにあたっては、意識を以下のように変えましょう。

リスキリング＝国や企業の要請でＤＸ人材になるためのスキルを身につけさせられる

↓

リスキリング＝環境変化に対して、自分で自身のあり方を決めて自己変革する

起こりうる変化を想定し、「この変化に乗ってキャリアアップを目指そう」と先んじて主体的に動くことで、学びは楽しく深まります。人生１００年時代においては、就職して１つの仕事を定年まで続けるワンステージではなく、何度もキャリアを見直したり、複数の領域で働いたりするようなマルチステージが主流になります。つまり、**何度もリスキリングが必要**になってくるわけです。

その変化を恐怖と感じるのか、チャンスと感じるのかは、学んだことが稼ぎに結びつくかどうかによるでしょう。新たな環境でも学べば稼げるという自信があれば、何かにしがみつく必要はなくなり、不安や恐れが薄れます。

リスキリングの全体像と本書の構成

本書で提案するリスキリングの進め方の全体像が図表0-2です。

大きく、リスキリングの理解と準備、スキルセットとマインドセットの変革のパートに分かれています。それぞれ説明します。

理解・準備編

Step 1 リスキリングの理解（Chapter1,2）

準備編は自分のリスキリングイメージを持つための事例収集から始めます。本書のChapter1でご紹介する6人のリスキリング体験記が、それにあたります。

実際に自分の身近な人や、目指す領域で結果を出している人に話を聞きに行くなどして、情報を収集してみましょう。事例収集を行うのは、自分のなりたいイメージを明確にするとともに、「そんなことは自分には無理だろう」「できるわけがない」というメンタルブ

図表0-2

リスキリングの進め方全体像

リスキリング準備：キャリア実現のアプローチを描く

Step1　リスキリングの理解（6人のリスキリング成功体験記）

Step2　リスキリング目標設定
キャリアストーリー／リスキリング目標／資産棚卸し

スキルセット変革

Step1　概念の理解
全体像の把握とインプット
- 3種のリスキリングマップ
- 書籍・研修・セミナーでの学び

Step2　具体の理解
実践とフィードバック
- 実践と人からの学び
- ラーニング・ジャーナル

Step3　体系の理解
学びの体系化
- フレームワークによる構造化

Step4　本質の理解
本質を導き出す
- 因数分解
- べし・べからず集

マインドセット変革

Step1　マインドの覚醒
3つの壁を乗り越えて覚醒する

思い込みの壁　恐怖心の壁　環境の壁

アンラーニング／越境学習／副業・複業

Step2　有形・無形資産の活用と維持
5つの資産を有効活用する

ヒト　モノ　カネ　時間　健康

ロックを外すことも目的としています。

例えば、陸上スポーツなどで、それまではなかなか破られなかった100メートル走10秒の壁を破る記録を誰かが出すと、次々とそれを破る選手が出てくるように、他の人の例を見ると「自分にもできるかもしれない」というようにブロックが外れやすくなります。

私も会社を辞めて独立する際には、色々な人の話を聞き、メンタルブロックを外しました。リスキリングは自己変革です。それまでの考え方やあり方なども変える必要があります。**メンタルブロックを外すために色々な事例を集める**ことをおすすめします。

また、Chapter2ではChapter1の事例を踏まえて、リスキリングで成功・失敗する人のパターンを紹介します。自分はどのパターンにあてはまりそうなのか、分析しながら読んでみてください。

Step 2 リスキリング目標設定（Chapter3）

リスキリングを上手く進めるために、**自分だけのリスキリング目標を設定**します。自分のこれまでのキャリアから、これから行うリスキリングの意味をストーリーとして設定します。次に、具体的なリスキリング目標を立て、そのために自分の持っている資産をどう活用するのかを計画します。詳しくはChapter3で説明しますが、リスキリング準備シートを活用します。これを明確にしないと、学んだものの価値が出せない、学びが上手くいかず途中で挫折……ということになりがちですので、リスキリングのスタートとしてしっかりと考えましょう。

スキルセット変革編

いよいよここから、新しいスキルを習得していきます。次の4つのステップで稼げるレベルまでスキルを引き上げます。具体的なやり方はChapter5～6で説明します。

Step 1 概念の理解（Chapter5）

はじめに、学びの全体像を把握する情報マップと、スキル習得までの学習ロードマップを作成し、知識や情報をインプットしていきます。ここでは基本的な事柄を**「知っている」レベルに到達**することを目指します。

Step 2 具体の理解（Chapter5）

次に、その分野について、大体**「知っている」という状態から「やったことがある」レ**

ベルを目指します。ここでは、訓練となる機会をどれだけ増やせるか、また既に実践している人からどれだけ暗黙知を吸収できるかがポイントになります。

このステップでは、学んだことや得たフィードバックをラーニング・ジャーナルに記録していきます。

Step 3 体系の理解(Chapter6)

ここでは、プロとして「**できる**」**レベル**を目指していきます。「具体の理解」の段階で経験から得た知識を、自分の流儀で価値が出せるよう体系的に整理していきます。このステップからインプットしてきた知識・情報が稼げる能力に変わり始めます。

Step 4 本質の理解(Chapter6)

最後は、その領域の第一人者として、何が重要なのか本質を体得して、第三者にそれを「**教えられる**」**レベル**への到達を目指します。

これは必ずしも、研修講師などになることを意味しているわけではありません。教える経験を経ることで、自分の経験から得られた学びが洗練されていきます。すると、その領域でのスキルセットが完成形に近づくため、より稼ぐ力が磨かれます。

マインドセット変革編

ここでは、新しい仕事や環境に向けて、マインドセットを覚醒させます。そして、リスキリングにあたってその原動力のメンテナンスを行うことで、リスキリングの成功確率を高めます。

Step 1 マインドの覚醒（Chapter7）

誰もが新しい領域や環境に対して、メンタルブロックを持っています。メンタルブロックとは何か行動を起こそうとするときに思い浮かぶ、「できるわけがない」「どうせ自分には無理」「上手くいかない」といった否定的な思い込みや固定観念のことです。一般的には**「心の壁」**といわれています。

メンタルブロックは意思や行動を抑圧してしまいます。そのため、一度メンタルブロックを抱きはじめると、新しいキャリアや仕事に自分を適合させるのがとても難しくなります。リスキリングの失敗事例のなかには、学ぶ内容自体が難しく、習得できなかったという事例だけでなく、新しい領域に向けて「心の壁」が越えられず、そのままリスキリングに失敗してしまったという事例も多いのです。

ここでは「思い込みの壁」「恐怖心の壁」「環境の壁」という**3つの壁を乗り越えて、マインドセットの覚醒**を目指します。

Step 2 マインドの維持　資産活用（Chapter8）

リスキリングを成功させることは簡単なことではありません。自分の持っている「資産」を上手く活用して、モチベーションを保ったり、学ぶための時間を捻出する必要があります。**ヒト・モノ・カネ・時間・健康**という有形・無形資産の活用と維持を行うことで、リスキリングを成功に導きます。

リスキリングすれば「詰まない」

「学ぶ」ということは、限られた時間やお金やエネルギーを自分自身に投資することです。その投資によって、**知識やスキルの習得だけではなく、〝豊かな人生〟という確実なリターンが得られます。**

学ぶことによって視野が広がり、新しい視点で物事を捉えられるようになれば、これまで以上に自分の仕事やライフイベントにおける選択肢が増えます。

若い人の言葉ですが、「〇〇に詰んだ」という表現があります。それはなす術がない、つまり選択肢がない状態です。選択肢がある人は状況が変化したり、予想外の展開になった場合でも心に余裕があり、詰みません。学びは選択肢を増やすための重要な手段なのです。

さらに、新しい知識を吸収し、深く学ぼうとするほど、人間関係やネットワークが自然と広がっていきます。人とのつながりが増えれば、新たな知見を得て、これまでにない発想やアイデアが生まれやすくなります。そして、このような仕事上のメリットだけにとどまらず、人生が豊かになることは想像に難くありません。

学びは最大の投資ですが、学んで損することはまずありません。学びから得られるリターンを増やすために本書が皆様の一助となることを願っています。

リスキリング大全
目次

Chapter2 リスキリングで成功する人・失敗する人

Chapter3 準備編 稼ぎにつなげるアプローチを描く

Chapter4

スキルセット変革編 スキルセット変革の進め方

Chapter5

スキルセット変革編

「概念の理解」と「具体の理解」

Chapter6

スキルセット変革編

「体系の理解」と「本質の理解」

Chapter7

マインドセット変革編

マインドの覚醒

Chapter8

マインドセット変革編 有形・無形資産の活用と維持

Chapter1

6人のリスキリング・サクセス体験記

「まえがき」でリスキリングの社会的背景やリスキリング自体の再定義をしました。でも「具体的にどうするの？」と、イメージがまだつかめていない方も多いと思います。

そこでまず、6人の方のリスキリングの体験記をご紹介します。ここにあげているのがすべてのリスキリングパターンというわけではありませんが、成功事例を知ると「じゃあ、自分はどうしよう？」と考えが深まっていきます。

是非参考にして、リスキリングのイメージをつかんでください。

CASE1 DXプロジェクトへの配属
CASE2 古い領域から新しい技術領域への転向
CASE3 コンサルティング会社への転職
CASE4 越境を経て別の職種への異動
CASE5 フリーランスへの転身
CASE6 27回のジョブ・チェンジで得たリスキリングのコツ

CASE1

DXプロジェクトへの配属は突然に

大手製造業勤務 36歳 山田さん（仮名）

マーケティング部門 ↓ 社内DX推進プロジェクトマネージャー

——大手製造業のマーケティング部門所属で、DX推進プロジェクトのプロジェクトマネージャーを務めている山田さんにお話をうかがいます。まずは、DXについて未経験からプロジェクトマネージャーに任命された経緯についてお聞かせください。

山田さん 私は、マーケティング部門で新卒から働いていました。正直ITについてはほとんど分かっていない状態で、**DXと聞いても全然ピンとこない状況からのスタート**でした。しかし、マーケティングD

X推進プロジェクトのプロジェクトマネージャーに任命され、「あ、これはしっかりとスキルを身につけないとまずいな」と焦りを感じました。まさにリスキリングをしなければという状況でしたね。

――リスキリングとおっしゃいましたが、具体的にはどんなスキルが求められていましたか?

山田さん　まずは、デジタルマーケティングの**基礎的な知識を学ぶことから始めました。**オンライン広告やSNSなど、デジタルマーケティングの基礎から始めました。そのあと、SEOやコンテンツマーケティング、CRMなど、より高度なデジタルマーケティング手法についても学びました。やはりチャレンジングだったのは、データアナリティクスやAIを活用するためのスキルですね。

プロジェクトマネジメントのスキルももちろん必要です。プロジェクトマネジメントツールも積極的に使ってみようと思いましたが、そちらはサブリーダーに任せました(笑)。

――なるほど、多岐にわたるスキルが必要だったのですね。その中で、特に習得が難しかったスキルはありますか？

山田さん　データアナリティクスは、特に難しさを感じましたね。データの収集方法や分析方法、そしてその結果からどのような意思決定をするかなど、多くのことを学ぶ必要があるんです。でも、**学んでいくうちに、データがビジネスにおいていかに重要であるかを理解**することができました。それまでやっていたことが非効率であったこと、効果の検証も不十分であったことも実感しましたね。

――デジタル領域のスキルは具体的にはどのように学びましたか？

山田さん　最初は、会社の用意してくれた研修も受講しました。汎用的で概要は理解できたものの自分の仕事ではもっと具体的な知識や情報が必要だということがすぐに分かりました。そこで、事例を調べたり、有志による勉強会や、専門家を呼んで相談するなど**その都度一番いい学び方を考える**ようになりました。最近は昼休みに1時間くらいのセミナーがオンラインで行われていたりするので、参加しやすいものもたくさんありますね。

――プロジェクトマネジメントのスキルも必要だとおっしゃいましたが、実際のプロジェクトでは、どのような困難がありましたか?

山田さん　プロジェクトでは、通常業務ではなく新しいことに取り組むため、色々な問題が発生する可能性があります。そのため、リスクマネジメントと問題解決能力が必要だと感じました。

潜在的なリスクや既に起きた問題を洗い出して、優先順位をつけ、その問題をどう解決していくか。この意思決定を絶え間なく行うわけです。問題解決能力を磨くことが大切だと実感しました。

また、プロジェクトに関わる利害関係者とのコミュニケーションについても、これは**利害関係者管理というひとつのスキル**なんだと実感しました。関係者を洗い出し、どうコミュニケーションをとるかを計画し実行するステークホルダーマネジメントのスキルを身につけることができました。今後仕事をしていくうえですごい武器ができたと思っています。

――本当に多岐にわたるスキルを身につけられたのですね。では、今後の展望について教えてください。

山田さん　DXというと、当初は、自分とは関係ないことと思っていました。それが、仕事の進め方やお客様への接し方、価値提供方法をよりよくするものだと考えると、どの分野でも必要だと思うようになりました。今後はこのプロジェクトで自分が試行錯誤したことを若手や他部門の方にも教えていきたいと思っています。

――他の方のリスキリングを支援されるのですね。では最後に、これからリスキリングをする方達に向けたアドバイスをお願いします。

山田さん　DXやリスキリングを、やらされ仕事と捉えると苦しいですよね。一方で、**自分の成長のチャンスと捉えると可能性が広がります。**DXに限らず、今後大きな変化は加速して起き続けると思います。新しいことに挑戦し、必要なスキルを身につけることは、今の時代だから、DXだからということではなく、いつでも必要なことだと思います。

CASE2

若手と一緒に働きながら新しい技術を習得

―IT業界勤務プログラマー　43歳　鈴木さん（仮名）

メインフレーム系プログラマー↓AIを活用した物流業務改革プロジェクトアサイン

――鈴木さんは、AIを活用したプロジェクトに入るために、リスキリングしたと聞きました。どのようなスキルが必要だったのでしょうか？

鈴木さん　はい、まずはPythonなど新しいプログラミング言語を学ぶ必要がありました。また、データ解析に必要な統計学の知識や、機械学習や深層学習のアルゴリズムを理解することも必要でしたね。

――新しい技術やプログラミング言語を

学ぶことは、大変だったと思いますが、どのように勉強されましたか?

鈴木さん 正直言うと、新しいテクノロジーを覚えることは億劫でした。長年使い慣れたプログラミング言語から、新しいプログラミング言語やアルゴリズムに移るのは、とても大変でした。また若手と一緒に学んだり、働くのも正直最初は抵抗がありましたよ(苦笑)。

しかし、会社で準備されている業務時間内でも受けられるオンラインコースをとにかくたくさん受けたり、実践型のブートキャンプ研修(短期間に集中してプログラミングやソフトウェア開発のスキルを効率的に身につけさせる研修)に参加したり、同僚たちと協力して勉強会を開いたりしているうちに、**新しい技術に対してだんだんと抵抗感もなくなってきました。**

特にブートキャンプ研修は、データサイエンスに必要な基礎知識やスキルを短期間で習得できる、実践的な内容だったので、立ち上がりは早かったと思います。

——若手と働くことに抵抗があったとおっしゃいましたが、若手とのコミュニケーションはどのように進められましたか?

鈴木さん 同じチームで働く若手たちは、新しい技術やプログラミング言語を既に使いこなしていました。それに対して、自分はそれまでのやり方へのこだわりや、プライドなどもあって、当初はコミュニケーションに苦労しました。ただ、**慣れてくると彼らから学ぶことがとても大きいことに気がつきました。**自分と同じくらいの年代の人の中にはその辺に抵抗がある人は多いと思いますが、やってみると案外楽しいものだと気がつくと思います。

――今後、挑戦したいと考えていることがあれば、教えてください。

鈴木さん　はい、まずは自然言語処理に興味があります。自然言語処理を学ぶことで、AIをより自然な言葉で制御できるようになり、より高度なテキストマイニングや自動要約などが可能になると考えています。また、ビッグデータの分析にも挑戦してみたいですね。ビッグデータ分析は、多様なデータから意味のある情報を抽出し、ビジネスや社会に役立てることができる技術です。さらに、近年注目されているブロックチェーン技術にも興味があります。

今回のチャレンジで、新しい技術や分野に挑戦するのもそれほど高いハードルだと感じなくなってきたので、色々やってみたいですね。新しい技術やスキルにリスキリングできたことは、ハードでしたが、自分自身にとって大きな成長の機会でした。

CASE3

アパレルからコンサルティング会社への転職

外資系コンサルティング会社マネージャー　30歳　川原さん（仮名）

アパレル企業経営企画　↓　ビジネスコンサルタント

――まず、前職で社内の業務改革プロジェクトをリードすることになったきっかけを教えていただけますか？

川原さん　はい、全社で生産性向上が課題として取り上げられ、その一環として業務改革が必要になりました。その推進リーダーを任されたのがきっかけですね。まだ若手でしたので、先輩やベテランの方々など様々な人たちとのコミュニケーションに苦労しました。

――特にどんなことに苦労しましたか？

川原さん　初めてのリーダーとして、**自分が期待されていること、周りの人たちが望んでいることが分からず、コミュニケーションに悩んでいました**ね。自分には物事を推進していくスキルが足りないと感じるようになりました。

――そこで、コンサルタントへの転身を決意したとのことですが、転職することに決めた理由を教えてください。

川原さん　リーダーとして物事を推進したり、変革を導いていくスキルとは何かを考えている時に、コンサルタントという職種が変革のプロフェッショナルだということを知ったんです。**自分に必要なスキルが身につけられると思い、思い切って転職を決めました。**

――コンサルティング会社はアパレル業界とは全く違う文化だったと思いますが、最初はどのように感じられたのでしょうか？

川原さん　そうなんです。アパレル業界とは文化も異なり、最初は言葉1つとっても意味が分からず、パニックでしたね。分からないということを悟られないように、必死に取り繕っていました。そんな時に、他業界から転職してきた方が、分からないことを分からないとはっきりと言っていたんです。その方がどんどん聞いていく姿勢に刺激を受け、**教えてもらうことは恥ずかしいことではない**のだと意識が変わりました。

それからは、有志で勉強会を行って、コンサルタントとして必要な基礎知識をできるだけ速く、かつ楽しく学べるように工夫しました。誰かと一緒に勉強すると、自分では分かったつもりだったことが、実は深く理解できていなかったことに気づくことができます。一人で学ぶよりも、スピードも理解度も速く深くなりましたね。

――コンサルタントに必要なスキルとして、何があるのでしょうか？

川原さん　コンサルタントに必要なスキルを考えるうえで、インプット・プロセス・アウトプットの3つの場面に分けて考えました。まずインプットのスキルは、情報収集力です。正しく現状を把握できなければ、アウトプットも間違ったものになります。そのため、リサーチのスキルやヒアリング・インタビュースキルなどが入り口としてとても重要です。

次のプロセスのスキルは、思考力です。論理的に思考したり、あるいは視点を素早く移動して物事を多面的に見て、問題とその解決策を検討していく力です。

最後のアウトプットのスキルは、資料作成やプレゼンテーションスキルです。自分の提案やアイデアを、分かりやすく、説得力のあるプレゼンテーションとしてまとめることが求められます。

さらにプロジェクトマネジメント能力やIT関連の知識やノウハウも必要不可欠です。戦略コンサルタントだからITは詳しくなくてもよいという時代は終わりました。**新しいテクノロジーで何ができるのか、日々知識をアップデートする必要があります。**

――なるほど、分析力からプロジェクトマネジメント、ITまで多岐にわたる能力が求められるわけですね。コンサルタントになってから、これらのスキルを身につけることができたのでしょうか？

川原さん　はい、外資系コンサルティング会社は人材への投資が日本企業よりも手厚く、体系的な研修プログラムがあります。さらにいうと、最先端の研修プログラムも海外の本社からたくさん展開されるので、かなり学び甲斐があります。

――素晴らしい学びの環境ですね。学びの環境が整っていたとはいえ、コンサルタントへのリスキリングは大変だったのではないでしょうか？

川原さん　今考えれば、アパレル業界で働いていた頃の私は、業務改革の仕事をする際に、よいことをしてるんだから、みんながちゃんとついてきてくれるはずだと思い込んでいました。コンサルタントになって、物事を進めるための実践的な方法論を知り、自分の知識やスキルがいかに乏しかったのかを実感しました。

また、社内研修の講師になったことで学びが加速しました。最初に講師の依頼を受けたときは「他の人に教えるなんて無理！」と思ったのですが、**教えるために必死で勉強するので、結果的に早く深く学べた**と思います。

あとは、様々なプロジェクトにアサインされるのですが、その度に「3日から1週間くらいで専門家」レベルのキャッチアップが求められます。これは鍛えられました（笑）。他の領域にリスキリングする際に、ある領域で必要なことを短期間でキャッチアップできるというリスキリング耐性があるのは、とても大きな強みだと思っています。

CASE4

他部門への越境を経て得た広い視野

インテリア製造業研究職 39歳 田中さん（仮名）

営業部門 ↓ 越境で研究部門 ↓ マーケティング部門

――まず、ご自身が勤められている企業について教えていただけますか？

田中さん はい、私は現在、インテリア製造メーカーで営業職として働いています。当社は高品質なインテリア製品を取り扱っており、世界的なブランドとしても有名です。

――今回、研究部門との越境を体験されたあとに、仕事が変わったとお聞きしました。どのような背景で越境が命じられたのでしょうか？

田中さん　もともと、当社の営業部門と研究部門はお互いに犬猿の仲でした。顧客ニーズを正確に把握し、それに合った製品を提供するために、営業部門から研究部門への越境が命じられたのです。

――なるほど、研究部門との越境を経て、どのようなスキルやマインドを身につけたのでしょうか？

田中さん　研究部門での経験を通じて、商品開発に必要な技術や知識を学びました。また、研究者の方々がどのように顧客のニーズを捉えるのか、そしてそれを製品に反映するのかが理解できました。**互いに顧客のニーズは大切にしていますが、ニーズの捉え方の違いが理解できたのは越境ならではだと**感じました。

――越境後、マーケティング部門へ異動されたとお聞きしましたが、研究部門で学んだことを活かしてマーケティングに貢献されたのでしょうか？

田中さん　私は、営業部門で直接顧客のニーズを把握し、研究部門でその実現方法について学びました。これらを、マーケティング部門でお客様にどう伝えていくべきかを考えて様々なコミュニケーションチャネルを開発しました。商品のコンセプトや開発方針の立案に携わることで、説得力のあるメッセージが作れたと思っています。

マーケティング部門では、製品の特徴や優位性を理解し、それを分かりやすく説明するためのコミュニケーション能力やプレゼンテーション技術、そして、技術的な側面とビジネス的な側面をバランスよく見据えた企画力が必要でした。特に企画力は自分にとって大きなチャレンジで、企画力をつけるために、社外のセミナーや事例発表会には、かなり参加しました。

また、研究部門時代に培った分析力や情報収集力が、マーケティング戦略の立案にも役立ちました。マーケット動向や競合情報の分析、ターゲット顧客のニーズや嗜好の把握など、データを基にした的確な判断力が求められることが多かったです。

営業→研究→マーケティングの転身は、初めは戸惑いもありましたが、多くのことを学ぶことができ、自分自身の成長にもつながりました。越境により見える景色が大きく変わり、それらをつなげて企画として形にするスキルを身につけられたことは、自分にとって大きな財産になったと思っています。

越境はストレスがかかります。実際、越境した当初は、やり方も考え方も戸惑うことが多かったですし、元の部門に戻った時にもストレスがありました。正直、もともとの営業職をずっと続けていけばいいと思っていたのですが、**越境することで、自分が学ぶべきことは何かをしっかりと認識できました。**自分の後輩にも一度は越境して、広い視野で物事を見られるようになってほしいなと思います。

CASE5

フリーランス・ライターへの転身

フリーランス・ライター　45歳　下山さん（仮名）

化粧品会社PR　↓　フリーランス・ライター

――まず、化粧品会社勤務からフリーランスのライターに転身された理由を教えていただけますか？

下山さん　私は化粧品会社でPRの仕事をしていたのですが、その中で**商品やサービスの魅力を伝えることが得意だと気づきました**。これを活かしたいと思い、ライターを志しました。働き方の自由度を上げたかったというのも理由のひとつです。

――では、化粧品会社勤務とはかなり違

うスキルが求められると思いますが、フリーのライターとして活動するのに必要なスキルとは何ですか？

下山さん　まず、私の場合はもちろん文章力やインタビュースキルです。また、クライアントとのコミュニケーション能力も必要ですね。ライターとして活動するうえでは、クライアントからの要望やニーズを的確に理解し、それをアウトプットに反映することが求められます。

そして、仕事を獲得し続けるための営業力や交渉力も必要です。要件や報酬の交渉なども自分自身で行うので、交渉力は必須ですね。さらに、請求書の作成や経費精算、確定申告など、様々なバックオフィス業務も自分で行うので、タスクやスケジュールなどの管理能力も必要ですね。

――そういったスキルはどのように身につけましたか？

下山さん　ネット上には、フリーランス向けのＷｅｂサイトやＳＮＳがたくさんあります。そこで、自分が得意なスキルや興味を持っている分野について、**積極的に情報収集**を行いました。
　また、文章力を向上させるためにライター養成講座に通いました。そこで尊敬できる師匠や仲間に会えたことは大きかったですね。さらに同じような立場の人と交流することも重要だと思いオンラインのコミュニティにも参加し、情報交換をしていました。また、取材前の準備としてたくさんのビジネス書を読み漁ったりしましたが、結果的にかなりスキルが身につけられたと思います。

――講座やコミュニティへの参加、ビジネス書を読むことで、フリーランスとしてのスキルを身につけたのですね。会社員時代とフリーランス時代で大きく違うと感じるのはどんなことですか？

下山さん　やはり、自分自身で様々なことに意思決定する必要がある点は違いますね。自分で仕事の優先順位を決め、スケジュールを管理する必要があります。また、クライアントとの交渉も自分自身で行う他ありません。
　それに加えて、**自分自身で自己啓発やスキルアップに取り組まなければならない点もフリーランスならでは**だと思います。またクライアントの依頼が減ったり、支払いが遅れたりするリスクや不安などは常に隣り合わせなので、逆境や困難を乗り越えるレジリエンス力も会社員の時より必要だと感じました。

会社員時代はPR業務として自社商品のよいところを思い切りアピールできました。一転、フリーになって自分をアピールするのは照れるというか、初めのうちはなかなかできませんでした。そんな時にフリーとして既に活躍している人から「自分自身を商品だと思ってちゃんと大切に扱って、きちんとよさが伝わるように説明したほうがいいよ」と言われて、ハッとしました。

――フリーランスを目指す人へのアドバイスをお願いします。

下山さん　まずは自分がどんなスキルを持っていて、どのような仕事ができるのかを棚卸しすることですね。よく「自分には大した能力やスキルがない」と考える人が多いように思いますが、長年仕事をしていれば、絶対に何か強みがあるはずです。不足している能力ももちろんありますが、何が不足しているのかを認識して、すぐに習得する。これを短期間で行うことが大切です。**自分のスキルは商品ですから、磨き続けることで自分の市場価値が高まっていくと思います。**

——今後のキャリアについて考えていることはありますか？

下山さん　今後は編集などライティングに関するスキルをより深めたいと思っています。また、将来的には、フリーランスとして活動している中で見えてきた社会課題を解決するような新しいビジネスを立ち上げてみたいと考えています。

CASE6

必要と好奇心を掛け合わせて新しい世界へ

新規事業・マーケティング&広報支援　40歳　後藤さん（仮名）

27回のジョブ・チェンジで得たリスキリングのコツ

最後を飾るのはなんと27回ものジョブ・チェンジを経て、自分のリスキリングの型を体得したという方です。それだけ数多くのご経験があるということは、リスキリングのやり方が成果の出るものであると同時に効率もよいと思われます。お話をうかがってみましょう。

――まず、どんな仕事をされてきたのかを教えてください。

後藤さん　ざっくりとした話になりますが、

システム開発管理の仕事の中で、ソフトウェアの開発やプロジェクトマネージャーやトラブルプロジェクトの火消しなどに携わりました。ベンチャー企業などで、営業や経営企画・管理、人事なども経験しましたね。マーケティングや広報、エバンジェリスト（スポークスパーソン）、公共政策担当などを経て、独立後は、社団法人の立ち上げ・運営、スタートアップ支援、執筆・講演・研修講師など様々です。

――それは、かなり多いですね！　なぜそんなに数多くの仕事を渡り歩いてこられたのでしょうか？

後藤さん　**「必要に迫られたから」と「好奇心」の掛け合わせ**ですね。スタートアップ企業などにいると、目の前に落ちてきた課題やトラブルに対して、片っ端から立ち向かわなければなりません。経験があるとかやりたいからとかに関係なく、やらなきゃいけないって感じで手をつけることになります。

――それだけ仕事を変えるのはキャッチアップが大変そうですね。

後藤さん　だんだんと新しいことに取り組むときのお作法といいますか、効率の良いキャッチアップの方法が確立されてきました。

　Step1は、まず興味を持って実践します。必要に迫られるケースも多いです。

Step2として、やっていることを、手順やフレームワークに整理します。自分の知見をまとめるためですが、人に引き継ぐための場合もあります。

Step3として発信します。ブログに書いたり、勉強会で共有したりします。説明の機会が増えるほど、フィードバックや質問を受けるようになるので、知見が洗練されていきます。

　Step4はラベリングです。周囲や業界の中で「〇〇の人」とラベリングされ、お声がかかりやすくなります。すると、能力を発揮する場が増えて、ますます知見が強化されます。


——なるほど、フレームワークに知見を整理して、発信することでさらに知見を強化していくのですね。このステップで動く際に特に気をつけていることを教えてください。

後藤さん　1つ目は悩む前に「まず手を動かしてみる」ことです。自分の体感をもとに学ぶ方が吸収率が高いからです。また学ぶ時には、第一人者にヒアリングして一次情報を得て、そのあとに勉強します。ビジネススクールでフレームワークなど体系的に学ぶことも重要です。そして、学んだことはすぐに試してみます。そこで得た色々な気づきは、間を置かずにできるだけ短いサイクルで独自フレームワークに落とし込み、ブラッシュアップしていきます。そしてその独自フレームワークを発信します。**発信や教える機会があれば、惜しみなく打席に立つ**ようにしています。

――うかがったお話はリスキリングに取り組むうえでとても役立つことばかりです。リスキリングのやり方も独自フレームワークに落とし込むことで、再現性が高いスキルになり、新しい仕事に取り組むうえでの強い武器になりますね。今日はありがとうございました。

Chapter2

リスキリングで成功する人・失敗する人

Chapter1では6人のリスキリング体験をご紹介しましたが、どんな印象や感想を持ちましたか？　私は多くの人のリスキリングを支援してきましたが、いくつか共通している成功要因があると気がつきました。キーワードでまとめると、以下の3つです。

①Pivot（軸足を定めての方向転換）
②Speed（短期間での立ち上がり）
③Resilience（困難からの復元力）

一方で、リスキリングの失敗にも共通する要因があります。それは、「新しいことへの耐性」「自己評価」「危機感」が高すぎたり低すぎたりするというものです。

この章でリスキリングの成功と失敗の要因を知ることで、成功するリスキリングのイメージをつかんでください。

成功の秘訣①
自分の強みを軸に次の一歩を踏み出す

リスキリングを成功させる要因を3つの言葉で表すと、①Pivot ②Speed ③Resilienceとなります。それでは、それぞれどういうことか説明します。

リスキリングは、仕事や職を変えることを前提としてスキルを身につけるという意味です。自分がやりたい仕事や職が明確にある場合もあれば、自分の意に沿わない仕事や、その時点では興味を持っていない職に就くよう外部から強いられることもあります。そうなると今の自分のスキルでは無理だと気持ちが挫《くじ》けそうになりがちです。そういった場合であっても、**自分の強みをしっかりと見据えたうえで、それを軸としてリスキリングに取り組む人が成功する**ことが多いのです。

リスキリングは新しい環境に順応するためのものです。ただでさえストレスはつきものですから、心の拠り所が必要です。「私はこれが得意」「自分の強みはこのスキル」など何か軸があると、新しいことにも順応しやすいのです。

軸足を定めて方針転換する

このように軸足を定めて方向を変えることを「Pivot（ピボット）」といいます。ピボットというとスポーツを思い浮かべる方も多いでしょう。バスケットボール、サッカー、アメリカンフットボールなどの球技において、選手が**体の一部を固定して回転する動き**のことを指します。具体的には、足の先を一定の位置に固定して、体を回転させることで相手の守備をかわし、シュートやパスを狙う動きです。

ビジネスにおいてのピボットは、**既存のビジネスモデルや戦略からの転換**を指します。具体的には、ビジネスモデルにおいて、ある一定の要素を固定して、その周りで方向転換をすることを指します。つまり、企業が自身の強みやコアな事業領域を固定し、その周りで新たな展開や戦略転換を行うことで、市場や顧客のニーズに合わせた変化に対応しようとする手法です。特に新興企業やスタートアップ企業にとっては、非常に重要な戦略的な要素となります。市場や顧客の需要が変化し、既存のビジネスモデルが上手く機能しなくなった場合、早期にピボットすることで企業を再生させ、成長につなげていきます。

このピボットの考え方はリスキリングをする時にも役立ちます。**リスキリングは新しい領域へのピボット**ですから、自分の軸足となるスキルを定めて、「じゃあ、あちらの方向に向かうにはどんなスキルをさらに身につければいいだろう？」「この強みをどういう方向に向けたらさらに役に立つだろう？」「自分が今持っているスキルや強みに何を加えてどう発揮させたら価値が出せるだろう？」と考えるのです。

Chapter1で紹介した体験記⑤の下山さんはフリーランスになるにあたり、自分のスキルや強みの棚卸しをしました。「自分には何もないから」キャリアチェンジするのではなく、「自分の強みはこれだからこうしてみよう」とピボットしたわけです。

志を軸にしてモチベーションを上げる

ピボットを行ううえで**スキル以外も軸足**とすることができます。それは「自分はこういうことに取り組みたい」「こういう問題を解決したい」「こういう領域で貢献したい」という志《こころざし》です。この志が軸になり、新たな領域への取り組み意欲や学ぼうというモチベーションにつながっていきます。

志やスキルといった、自分の軸となるものが分かっていると、自分にとってのリスキリングの意味が明確になります。体験記③の川原さんは、変革を成し遂げる力をつけるという志を軸としてピボットしました。そういった熱い思いは成果や成長につながりやすいでしょう。

私はリスキリングを始めようとしている人にカウンセリングを行う際「今のあなたの強みは何ですか?」「これからやってみたい仕事は何ですか?」ということを聞きます。「強みは特にありません」「これといってやりたいということはないです」という方もいらっしゃいます。このように、軸がない場合には実はリスキリングしづらいのです。

軸を持つということは、様々な変化に直面するなかで、**キャリアが変化する必然性を、自分で主体的に肯定できる**ということです。この変化を肯定するためにも、軸を定めて色々な方向性を試してみるピボットが有効なのです。

成功の秘訣②
短時間で立ち上がる

体験記にあった6人のリスキリング期間は幅がありますが、数ヶ月から半年くらいの期間で行われています。また、リスキリングしてから新しい仕事に就く場合と、新しい仕事を実践しながらリスキリングする場合の両方があります。仕事が先か、リスキリングが先かについては後ほどお話ししますが、いずれにしても**リスキリングの期間はそれほど長くはありません**。

スキルを習得する前に新しい仕事に就いた場合には、数日から数週間でリスキリングが必要な場合もあります。体験記⑥の後藤さんのようにベンチャーやスタートアップなど変化のスピードが速い業界ではリスキリングは走りながら行うことがほとんどです。

リカレントや資格取得などは、数年かけるという場合もありますが、リスキリングについてはそれほど長い時間をかけることはまれです。1年も経ってしまうとビジネス環境も変化し、求められるスキルセット（特定の業務を遂行するための技術、知識、経験の組み合わせ）が変わってしまうことも多いからです。

特にどのような場合に、迅速なリスキリングが求められるかというと、以下のような場合です。

1 新しい技術の導入

新しい技術の導入により、業務プロセスやビジネスモデルが変化する場合です。例えば、AIやブロックチェーンなどの技術の導入といったDX領域では、技術進歩も速くリスキリングが遅れるほど、取り返しのつかない状況になっていきます。

ゆっくりと時間をかけてのリスキリングではなく、走りながら必要なことを認識してその場でリスキリングしていくことが求められます。

2 業務プロセスの変更

業務プロセスの変更により、新しいスキルや知識が必要になる場合があります。例えば、近年ではコロナ禍で働き方が大きく変化し、コミュニケーションや業務のやり方が変化しました。Zoomなどのオンラインコミュニケーションに迅速に対応してチャンスをものにできた人もいれば、「早くもとどおりにならないかな」とこれまでのやり方をそのまま非効率にやっていた人もいました。

実際に私の周囲の講師陣の中には、デジタルへの苦手意識からオンライン対応が遅れ、コロナ禍に収入が激減した人もいました。

3 新規事業の立ち上げ

新規事業の立ち上げにより、新しいスキルや知識が必要になる場合があります。例えば、ベンチャー企業やスタートアップ企業での立ち上げや、新規市場への進出などがこれにあたります。

これらは競合も意識して動く必要があるため、自分ペースでのリスキリングでは太刀打ちできませんし、「これは自分の役割ではない」などと、仕事を選んでいる時間はありません。

ゴールからの逆引きがスピード感を生む

リスキリングのスピード感はどこから生まれてくるのかというと、目標志向からです。

目標が明確であるということは、いつまでにどういう状態になっていればよいのかという「ゴール」がはっきりと意識できている状態です。何となく「〇〇のスキルを身につける」というのは目標ではなく、目標達成の途中の状態です。**スピード感を持ってリスキリングできる人は、ゴールからの逆引きでいつまでに何をものにしなければいけないのかが分かっている**のです。

リスキリングは新しい仕事や職に就くためのものですが、さらにその先にあるのは、その仕事や職であげたい成果＝ゴールです。このゴール設定から逆引きしないと、スキルを身につけたものの「実践的ではない」「成果が出ない」「既に手遅れ」という状態になってしまいます。

このスピード感を持つための考え方として、「**新しい仕事に就いて3ヶ月で何らかの成果を出す**」という目標設定をするのが1つのおすすめです。3ヶ月で成果を出そうとすると、その仕事の全体像や、自分自身に求められていることを理解しようとするはずです。このようなイメージを持って能動的にリスキリングするのと、会社から出ろと言われた研修を何となく受けるのでは全く違う仕上がりになりそうだと思いませんか？

目標志向になることで、スピード感のあるリスキリングができるようになります。

成功の秘訣③ 挫折・困難からは自力で復活する

3つめは困難から自分を復元する力＝レジリエンスです。私は『一流の学び方』（東洋経済新報社）というビジネスパーソンに必要な学び方についての本を出版していますが、ビジネスパーソンの学びの成功要因として、このレジリエンスは入れていませんでした。なぜ、リスキリングについてはこのレジリエンスが入ってくるかというと、**痛みをともなうものだから**です。

リスキリングは新しい仕事や職に就くことを前提としています。そこには大きな変化があります。場合によっては意に沿わない変化を強いられることもあるでしょう。それはまるで、自分が脚本・演出・主役をつとめるはずの物語が強引に中断され、筋書きまで変えられてしまうようなものです。当然、そこには痛みがあるはずです。

人は想定していなかったものが目の前にあらわれると、驚いたり、困惑したり、パニックになり、「どうしてこんなことをしなくてはならないの?」「なぜ、この私が?」「あの時こうしていれば、こうならなかったのに……」など色々な感情がうずまきます。

しばらくするとそれが怒りに変わってきて、「会社・上司が悪い」と誰かを責めたり、抵抗してみたりします。あるいは関わり方を消極的にする、何もしない、などそこから逃げようとしてみたりします。こういった姿勢では、リスキリングはもちろん、新しい環境や仕事で成果を出すということは難しいでしょう。

ではどうしたらよいのでしょうか? そこで、**自分の物語を再構築していく復元の力、つまりレジリエンスが必要となる**のです。

痛みを乗り越え自己回復する

レジリエンスとは、困難を乗り越える力を指します。外的なストレスや困難、苦難に対して、精神的・身体的な回復力や耐性があるということです。また、不確実な状況に対して柔軟に対応できる能力や、失敗や挫折に対して前向きに取り組むことができる能力、なども含みます。

Chapter1で紹介したケースの中にも、自分が望んでいない変化の中でリスキリングを成功させた人もいました。彼らはその変化を自分にとって、意味ある物語として再構築し、リスキリングの意味を見出すことができています。

体験記②の鈴木さんは、自分が慣れ親しんだ古いテクノロジーから新しいテクノロジー領域に変わるにあたり、大きな抵抗を感じたり、プライドが傷つけられるような思いを経験しました。しかし、周囲とのコミュニケーションを通じて視界が広がり、さらに新しいことに挑戦する自分を意味づけすることができました。また、高いハードルだと思っていたことがそれほどでもないという悟りを得ることができたのも、実際に困難を乗り越えた経験によって、視座が高くなったからといえるでしょう。

前向きに自分からキャリアチェンジをした人でも、「こんなはずじゃなかった……」「これは思い描いていたこととは違う」ということは当然あります。そういったつまずきや失敗から学びとり、乗り越えていくレジリエンスストーリーは、実はリスキリングのハイライト（山場）でもあります。

Chapter7で、越境（ビジネスパーソンが自らの所属する職場や業務の枠を越え、学び・成長の機会を得る活動）について紹介しますが、**「越境学習者は二度死ぬ」**という言葉があります。その葛藤が学びそのものともいわれており、この葛藤を乗り越えられるかはレジリエンスにかかっています。

体験記④の田中さんはまさに越境学習で二度の大きな葛藤を経験しています。営業→研究→マーケティングという越境では、想像以上に大きな葛藤や挫折があったでしょう。それらの経験を通じて、自分がかつて知っていた小さな世界から脱皮することに成功し、会社全体、社会全体視点で仕事やキャリアという物語を形作りました。

さらに、**新しいスキルを身につけるためには、他者からのフィードバックが不可欠**です。フィードバックの中には耳が痛いものも当然ありますし、むしろそのようなフィードバックのほうが成長のためには必要なものです。レジリエンスがない人は、グサリと刺さるフィードバックがあると心が折れてしまい、立ち直ることができません。つまり、必要な成長機会から学べないのです。**新しい取り組みは痛みがつきものですから、リスキリングには自己回復力が必須なのです。**

ピボット、スピード、レジリエンスという3つのリスキリング成功要因を意識してリスキリング計画を立てることで、自分のメンタルヘルスを保ちながら、リスキリングの成功確率を上げていきましょう。

リスキリングの失敗例と傾向

ここまでリスキリングの成功体験と成功要因についてみてきましたが、この裏側には失敗事例ももちろんあります。いくつか例をあげてみましょう。

上司から言われるがままにあれこれとリスキリングのための研修を受けさせられているが、業務が忙しくてまともに受講できておらず、正直身についているとは思えない。
（49歳 営業部門所属）

AIやChatGPTに仕事を奪われるのでは……と焦りを感じて、調べ始めて知識は色々と得たが、結局どうしたらよいのか分からなくなり一歩踏み出せず何もしていない。
（37歳 雑誌編集）

何となく目に留まったビジネススクールの無料カウンセリングを受けて、「これでキャリアアップできるぞ！」とモチベーションアップ。勢いで数十万のコースを受講することにしてローンで支払った。仲間もできて楽しかったけど、そのあと仕事には変化がない。

（33歳 マーケティング部門所属）

自分にとって未経験の業務を命じられ、自分より若手の下で働くことに。できていないことを指摘される精神的ダメージが大きい。スキルアップをする前に挫折しそうで不安を感じている。

（44歳 経理部門所属）

転職したいと思い、周囲には学んでいることは言わずに、隙間時間を活用してオンラインセミナーなどを受講。足りないと思われるスキルを頑張って身につけたが、実際に職に就いてみたら実践では役にたたず。見当違いだったことを痛感した。

（29歳 エンジニア職）

研修やセミナーに出て学べば学ぶほど、「自分はまだ知らないことやできないことが多すぎる、まだまだだ」と思って次々と新しい研修やセミナーを受け続けることに。新しい業務へ移行できない。
（33歳 総務部門）

リスキリング失敗に共通する6つの傾向

このような例を見て「あるある……」と思う方や、自分のことかと思われる方もいるかもしれませんね。失敗しがちな人の考え方や性格の特徴とはどんなものだと思いますか？

私がこれまで見てきた失敗しがちな人の傾向は3つの点が高いか低いかで表されます。3つの点とは「**新しいことへの耐性**」「**自己評価**」「**危機感**」です。図表2‐1に示したように、それぞれが高すぎても低すぎてもリスキリングに失敗してしまうのです。

では、それぞれの傾向と対策について説明します。対策については、あとのChapterでも詳しく説明しますので、すぐに具体策を知りたい方はそれぞれの対策から、直接そのChapterに飛んでみてください。

図表2-1

リスキリングに失敗しがちな6パターン

	① 低（弱）すぎる場合	② 高（強）すぎる場合
A 新しいことへの耐性	A ①食わず嫌い やる前から毛嫌いして、なかなか取り組めない	A ②飽きっぽい すぐに飛びつくが、スキルが身につく前に他に興味が移ってしまう
B 自己評価	B ①インポスター症候群 自分には無理だと考えてしまい、挫折しがち	B ②負けず嫌い 失敗やフィードバックを受け入れられず上達しない
C 現状への危機感	C ①ゆでガエル 今忙しいことで問題ないと慢心している	C ②過剰なアレルギー反応 不安になり全てを拒絶して、活用できるリソースを活かさない

新しいことへの耐性は強すぎても危険

食わず嫌い(A①)

傾向

リスキリングは新しい仕事や職へ就くためのものですので、**新しいものや未経験のものへの抵抗が強い人はやはり失敗しがち**です。

図表2-2は「新しいことを学ぶのが好きだ」と答えた人の割合を年代別でスウェーデンと比較したものです。知的好奇心は日本の20代とスウェーデンの65歳が同じ割合です。

図表2-2
「新しいことを学ぶのが好きだ」と
答えた人の割合

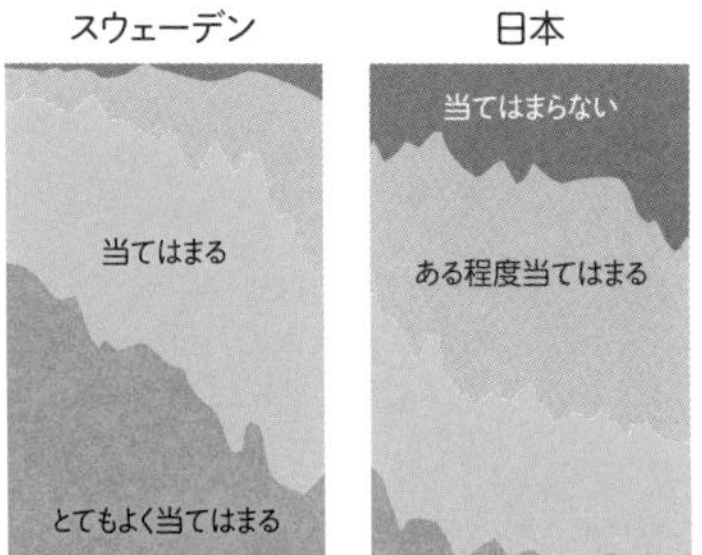

出典:OECD『PIAAC 2012』

多くの日本人が新しいことを学ぶことに抵抗を持っていると読み取ることもできます。

スウェーデンなどの北欧諸国は、先進国の中で最初に少子高齢化を迎えた国です。これらの国では、いち早く雇用支援やリカレント、リスキリングの支援などを行って、成功しています。充実したプログラムがあってこその成功ですが、やはり学びは**学ぶ本人が興味を持ち、楽しいと思ってこそ成果につながります**。

対策 ベイビーステップで小さな一歩を踏み出す

未知のものに対するアレルギー反応をなくすには、ベイビーステップでまずは**小さな一歩を踏み出してみる**ことに尽きます。ベイビーステップとは、目標を達成させるための、無理のない「一歩」のことです。赤ちゃんのよちよち歩きの一歩のようなごくわずかな前進のように「簡単なもの」に「短時間」取り組むのです。

「本を1冊だけ読んでみる」「短時間のオンラインセミナーを視聴してみる」など、まずは新しいことに少しずつ足を踏み入れていきます。「思ったよりも面白いかもしれない」という、学びの面白さを知るきっかけを作りましょう。

↓ 詳細は「Chapter8 資産その④時間」へ

飽きっぽい（A②）

傾向

「食わず嫌い」とは逆に、新しいことを抵抗なくどんどん受け入れるタイプです。リスキリングするにあたっては、悪いことではないように思われますが、次から次と取り組む割には、仕事の成果に表れていないという人のケースも見てきました。少し齧《かじ》っただけで何となく分かった気になってしまい、興味が他に移ってしまうのです。**スキルが仕事で活かせるレベルに到達する前に学びをやめてしまう**のです。

会う度に新しい講座やセミナーに通った話をする方がいますが、「で、お仕事は？」と聞くと「いや、相変わらず同じことしてますよ」と答えます。趣味で学ぶのであれば一向に構いませんが、リスキリングにおいては学びを仕事につなげる力も必要です。

対策 「で、どうする？」とアクションにつなげる

せっかく学んだことを活かせないままでは、学びの取れ高は低いままです。学びの取れ高を上げるためには**必ずアクションにつなげる**ことです。この傾向の人の多くは「参考に

なった」で学びを終えています。

その状態から一歩進めるためには**「で、どうする？」と自分に問いかけて**、その次のアクションを必ず決めましょう。少し実践してみると上手くいかないことや気づきなどがあります。そこでまた「で、どうする？」と問いかけて、次のアクションにつなげていきます。

Ⓥ詳細は「Chapter5 学びの取れ高を意識する」、「Chapter6『フレームワーク思考』とは何か」へ

自己評価の落とし穴

インポスター症候群（B①）

傾向

インポスター症候群とは、自分自身が実際に持っている能力やこれまであげた成果を過小評価し、実力不足であると思い込んでしまう症状です。**本来の実力や成功に対して、自信を持てないという状態**を指します。インポスター症候群は、特に新しい職場や環境に移った場合に発症することが多いとされています。自分に対して「これくらいできなくてはだめだ」と高すぎる要求を持っていたり、自己効力感がなさすぎたりすることが原因です。

自己効力感とは、目標を達成するための能力を自らが持っていると認識することを指します。簡単にいえば、「自分ならできる」「きっと上手くいく」と思える認知状態のことです。

カウンセリングなどで励ましても「私には無理です。できません」と尻込みする人や、しっかりとスキルがついているのに「自分なんてまだまだ」と、次々と研修やセミナーを受け続けてしまう人もいます。

ある海外のセミナーを受講した際に、講師の方から「日本人は十分スキルを持っていてもまた他のセミナーを受講する。まるでプロフェッショナル・ステューデントだよ」と冗談のように言われました。その講師は「アメリカ人ならこのレベルのスキルを身につけたら、すぐに仕事にしてるよ。足りないスキルは仕事をしながら学べばいいしね」と言っていました。**自己効力感が低いとチャンスを逃してしまう**ことにもつながります。

対策 スキルと成果の棚卸し＋3 good things

このような場合、リスキリングに取り組む耐性をつけるために、**自己効力感を上げていく必要**があります。まずはこれまで自分があげてきた成果やスキルをしっかりと棚卸ししましょう。

過去の成功や成果を振り返ることで、自分がどんな能力やスキルを持っていて、どんな実績につながったのかを客観的に認識することができます。自己評価が低い傾向がある場合でも、**自分自身が達成したことや乗り越えた困難を振り返る**ことで、自己効力感を高めることができます。

また、日常的に自己効力感を高めるためのワークとして、「3 good things（3つのよいこと）」があります。ポジティブ心理学の提唱者、ペンシルベニア大学のセリグマン教授が提案したとてもシンプルな手法で、**1日の終わりに今日よかったことを3つ書き出す**というものです。インポスター症候群に陥ると、どうしても足りていないところや、できていないところにフォーカスしがちです。よかったところと、なぜそうなったのかを考えることで、自己効力感を高めていくのです。

リスキリングの成功要因として、ピボット＝軸を持った方向転換をあげましたが、自己効力感がないのは自分の軸が定まっていない状態です。自分の軸をしっかりと作りましょう。

↓ 詳細は「Chapter3 稼ぐ力①②③」、「Chapter7 Step1 メンタルブロックを解除する」へ

負けず嫌い（B②）

傾向

インポスター症候群と反対に、自己評価が高すぎる場合も、リスキリングの失敗につな

がりがちです。自信がある人は成功しそうに思えますが、その**自信が余計なプライドになって学びの邪魔をしてしまう**ことがあります。自分が他の人より劣っていると思われる状況に対して過度に気分を害するようだとリスキリングにはマイナスです。

具体的な行動をいくつかあげてみます。例えば、自分が学んでいることを恥ずかしいことだと考えて、誰にも言わずにこっそり「闇練」するなどの行動があります。また、他人と意味なく張り合ってマウントをとろうとしたり、自分の仕事に対してフィードバックをもらっても、「自分は悪くない」と聞く耳を持たない……などの行動もあげられます。

失敗や他者のフィードバックなしには、本当に必要な実践的スキルは身につきません。失敗やフィードバックに悔しい思いをすることはあるとしても、それから逃げてしまっては、本来得られるはずだったスキルが得られなくなってしまいます。

対策　失敗の数をカウントする

負けず嫌いの人の性格を変えるのはなかなか難しいことですが、競争意識を別の方向に向けるよう認識を変えることが対応策になります。負けず嫌いの人は「失敗＝悪いこと・あってはならないこと」と強く思いがちですが、「**失敗＝よいこと・ないといけないもの**」と認識を変えて、失敗の数が多ければ多いほどよいことだと考えるのです。

例えば、失敗の数を「毎日ひとつ・週に3つ」など目標を立てて、カウントします。その失敗は新しいことを学んだり、チャレンジして経験できた失敗です。**失敗の数＝KPI**（Key Performance Indicator：重要評価指標）だと考えてカウントするわけです。

これは新しい事業を生み出す、スタートアップ企業のための「リーン・スタートアップ」という方法論の中で提唱されている考え方でもあります。失敗はスタートアップ企業においては避けられないものであり、学びの機会として重要です。検証段階での失敗から得た学びや改善策の数をＫＰＩとして定義し、成長や進化の指標として取り組むのです。逆に、検証段階において失敗の数が少ないと本格的に市場展開したときに大失敗するともいわれています。

学びの段階でどれだけ失敗を積んだかが、新しい仕事に就いた時の失敗確率を下げると考えてみましょう。

↓詳細は「Chapter5『概念の理解』と『具体の理解』で目指すこと」、「Chapter8 資産その①ヒト」へ

現状への危機感は大きすぎても小さすぎてもダメ

ゆでガエル状態（C①）

傾向

ゆでガエル理論とは、「カエルをいきなり熱湯に入れると驚いて逃げ出すが、常温の水に入れて徐々に水温を上げていくと逃げ出すタイミングを失い、最後には死んでしまう……」という、**ゆっくりと進む環境変化で危機への対応能力が失われてしまう**というメタファーです。

どんな人がゆでガエル状態になりがちだと思いますか？　ゆでガエルには「変化に鈍い人」がなってしまうと思う方が多いかもしれませんが、実は「**適応能力が高すぎる人**」もなりがちなのです。もちろん、これは一概に悪いことではなく、環境に対して適応力が強く、困難な状況にも長く耐えることができることは、仕事で成果をあげる要因の1つでもあります。

私は多くの企業で研修講師として登壇していますが、成果をあげている人が「忙しいから」「トラブル対応で」という理由で欠席したり、それを周りも容認しているという状況をよく目にします。学びを得られないほど忙しい現状や、トラブル対応が常態化しているという状況に慣れてしまって、問題や危険を適切に認識することができなくなっているのです。「毎日、何やかやと忙しく、周囲も自分を評価しているし、特に問題ないでしょ?」という考えでは、リスキリングへの取り組み意欲も低いままでしょう。

対策　越境で目を覚ます

ゆでガエルは、「井の中の蛙」でもあります。外の世界を知らないので、これがあたり前と思ってしまっているわけです。自分にその傾向がありそうだと思ったら、**越境学習や副業で外の世界を体験してみましょう**。越境については先述したレジリエンスの説明のところで少し触れましたが、自らが所属する部署や会社といった組織を越えて、より広い範囲の人々と交流を図ることです。

近年は、越境や副業などを支援する団体やサービスが続々と登場し始めています。会社でも、部門横断的なプロジェクトなどが立ち上がることもあるでしょう。そういった外の世界に飛び込んでみることで、健全な危機感を持つことができます。

↓詳細は「Chapter7 Step2 新バージョンのOSにアップデートする」へ

過剰なアレルギー反応（C②）

傾向

ゆでガエルと逆に、今いる環境に対して、強い危機感、場合によっては不安感や不信感を持っていて、**活かせるものまでも過剰に拒否する**タイプです。焦って転職してしまったり、「あのスキルもこの知識も必要！」と手当たり次第の無茶なリスキリングに取り組んだり、上司や会社を全く頼らないといった行動をとりがちです。

例えば、「今の部門でもこういうことはできますよね？」と聞くと、上司や周りに確認していないのに「うちはだめです。無理です」と拒絶したりします。「今が嫌だから」という周囲や環境への不満や逃避だけでリスキリングを始めても、あまり良い結果を生みません。どうありたいか、というキャリアプランから考えるべきでしょう。

また、現状を全否定してしまうと得られるものが少なくなってしまいます。私は前職の会社から独立して10年経ちますが、企業で働きながら得られるものは本当に大きかったと実感しています。危機感や不安から身の回りのことを全否定してしまうと、貴重な学びのチャンスが得られずとてももったいないです。

対策 まずはキャリア自律

キャリア自律とは、**個人が自らのキャリアに責任を持って主体的にキャリア形成を進めていく**ことです。企業が主導するものではありません。まずは、自分がどんなキャリアを築きたいのか、そのためにどんなスキルを身につける必要があるのかをまとめてみましょう。それほど詳細に描けなくても、気にしすぎる必要はありません。

そのうえで、今の環境でも身につけられるスキルがあるならば、それを上司や周囲の人に伝えてアドバイスやサポートを頼んでみましょう。**「これが嫌だから」ではなく「どうなりたいか」から考えることで、周囲のサポートも得られやすくなります。**

↓詳細は「Chapter3 リスキリングの目標を設定する」へ

以上の6パターンで、「新しいことへの耐性」「自己評価」「現状への危機感」の3つが、高すぎても低すぎてもリスキリングが失敗しがちであることを説明しました。次の

Chapterからは具体的なリスキリング実践法を紹介していきます。6パターンで特にあてはまる箇所があれば、そのChapterを先に読んでもよいでしょう。
自分が6つの失敗パターンになっていないかどうかを意識し、ピボット、スピード、レジリエンスを高めながら、リスキリングを実践していきましょう。

Chapter3

準備編

稼ぎにつなげるアプローチを描く

ここまでのChapter1とChapter2で、リスキリングのイメージ、成功する人の共通点と失敗する人の共通点が、何となくわかっていただけたかと思います。それらを踏まえ、Chapter3では、リスキリングを始める前の準備の仕上げをしていきます。

まずリスキリングして稼ぐために必要な3つの力について説明します。この力を身につけるためのコツもここでお伝えします。

次に、リスキリングの進め方についてお話しします。大きく2つのアプローチについて、場合分けしながら、説明していきます。

そして本章の最後に、リスキリングの目標設定の仕方についてご紹介します。リスキリング準備シートを記入して、これから始める自分の挑戦を「見える化」していくのです。

それでは準備編の総仕上げといきましょう。

稼ぐ力は3つに分けて習得する

さて、ここからはリスキリングに着手するための準備編です。**本書で目指していることは「稼ぐためのリスキリング」です。**こう書くと身も蓋もないですが、単に新しいスキルを習得するだけではなく、新しい仕事に就き収入を上げることは、多くの方が目指すところでしょう。

では、稼ぐために何が必要なのでしょうか。必要な能力と要件をモデル化したもので説明します。ややカタカナ多めですが、リスキリングを成功させるうえで、大切な考え方ですのでご容赦ください。まず、図表3-1の上の部分は個人の能力で、下の部分はその能力を支える個人の資産になっています。それぞれ見ていきましょう。

図表3-1
稼ぐ力

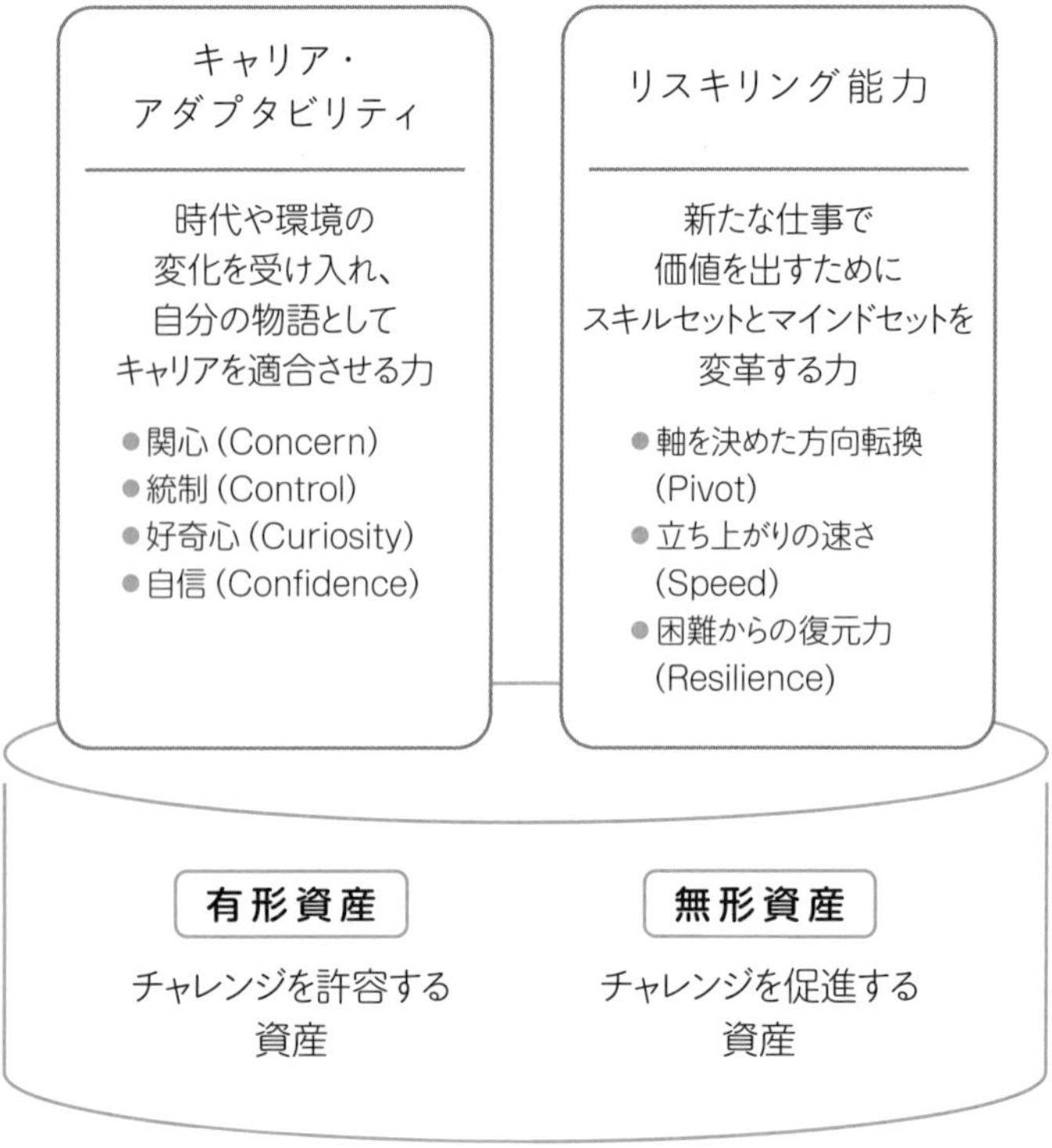
キャリア・
アダプタビリティ
時代や環境の
変化を受け入れ、
自分の物語として
キャリアを適合させる力
●関心(Concern)
●統制(Control)
●好奇心(Curiosity)
●自信(Confidence)
リスキリング能力
新たな仕事で
価値を出すために
スキルセットとマインドセットを
変革する力
●軸を決めた方向転換
(Pivot)
●立ち上がりの速さ
(Speed)
●困難からの復元力
(Resilience)
有形資産
チャレンジを許容する
資産
無形資産
チャレンジを促進する
資産

稼ぐ力① キャリア・アダプタビリティ

稼ぐための能力の1つ目は「キャリア・アダプタビリティ」です。キャリア・アダプタビリティ（Career adaptability）とは、時代の変化など、**環境に合わせて変化を受け入れ、キャリアを適合させる能力**です。この能力が高い人は、仕事の変化に対して柔軟に対応できて成果をあげやすいといわれています。この概念はキャリア理論家である、マーク・L・サビカス博士によって、提唱されました。

自分の人生物語の著者になる

サビカス博士は、ナラティブ・アプローチで有名な21世紀を代表するキャリアの理論家です。ナラティブ（narrative）とは日本語で「語り・物語」を意味します。個人の語りや物語に着目し、その語りを通して問題を解決していくという手法のことです。サビカス博士は**「自分でキャリアを作る」ことを「自分の人生物語の著者になる」**と表現しています。

環境（企業や社会から求められること）と自分（自分のやりたいこと）が完全にフィットするということは、ほぼありえません。そのような状況でキャリアを作り上げていくということは、継続的に環境と自分に対する意味づけや解釈を変化させていきながら、次第に両者を近づけていくことになるわけです。

現在、リスキリングの必然性が叫ばれている背景には、社会や会社の要請からくる環境変化があります。リスキリングを自分自身にとって実り多いチャンスに変えられるかどうかは、自分を主人公にした物語に起きる良い出来事として、変化を意味づけできるか、つまり**自分が納得できる物語として描くことができるか**どうかにかかっています。リスキリングを「降って湧いた嫌な出来事」と捉えるのか、「大変かもしれないけど意味のある経験」と捉えるのかによって、取り組み方や得られるものが変わってきます。

ちなみに前の Chapter でリスキリングの成功要因としてあげたレジリエンスは「上手くいかないことが起きた時に、自分の物語を再構築していく復元の力」であり、こちらもナラティブ・アプローチで復元を試みるものです。

コネクティング・ザ・ドッツ

故スティーブ・ジョブズ氏の伝説のスピーチの中にある「コネクティング・ザ・ドッツ（Connecting the dots）」もナラティブ・アプローチです。点と点をつなぐという意味ですが、ジョブズ氏はスピーチの中で、**ある時の経験や行動があとになってつながり、意味のあるものになってくる**例をあげており、以下のことを述べています。

「将来をあらかじめ見据えて、点と点をつなぎ合わせることなどできません。できるのは、あとからつなぎ合わせることだけです。だから、我々はいまやっていることがいずれ人生のどこかでつながって実を結ぶだろうと信じるしかない」

ここで重要になってくるのは、**そもそも自分は点を打っているかどうか、そしてその点を大きくしようとしているかどうか**という2点です。

点は行動の結果であり、行動しない限り点は生まれません。何かを新しく始めていたり、チャレンジをしていることが、自分の点を増やすことにつながります。極端にいえば、何も新しいことをしなければ、点は生まれません。まずは、点を打っているかどうかを自分に問いかけてみましょう。

そして、打った点は、はじめはとても小さいものです。つなげにくいものでしょう。大きい点のほうが思い出しやすく、点と点がつながりやすいです。それが物語の作りやすさにつながります。その点に蒔いた種を、芽吹かせて成長させておくためには、その時の経験から得られる学びをしっかりと深めておくことが必要です。

自分は今、どんな点を打っているのか、それを大きくさせようとしているのかを意識することは、リスキリングを意味づけするうえで重要です。

4つの資質でキャリアを紡ぐ

サビカス博士は、点と点をつないでキャリアを自分の物語として適合させていくために必要な資質として、関心（Concern）、統制（Control）、好奇心（Curiosity）、自信（Confidence）の4つがあるとしています。

関心（Concern）＝ビジョン／計画力

4つのうち最も重要な資質は、関心を持つことです。自分のキャリアや将来起こりうる環境変化に興味関心がなく、会社任せにしていては、キャリアを適合させることはできません。「自分はどうなりたい・どうありたいのか？」と関心を持ち考えていく力、つまり、ビジョンや計画を立てる力が必要です。

敷かれたレールの上を走っていれば安心という考えは、もはや過去の幻想です。ビジョンというととても大層なものに思えるかもしれませんが、これは「社会をこう変えたい！」というような大きなビジョンを描くことばかりではありません。「自分がしたくないこと」を見極めることでもあります。

私はキャリアカウンセリングでは、**「やりたいこととやりたくないことをはっきりするように」**と指導します。やりたくないというと一見ネガティブに思えますが、自分がしたいことがよく分からない場合には、そちらから考えた方が「では自分は何がしたいのか」という関心や方向性が明確になってきます。

統制(Control)＝決断力

統制とは、キャリアを自分でコントロールできる力です。もちろん、自分が置かれている社会や会社組織という環境の中には、自分ではコントロールできないものもあります。とはいえ、コントロールできないことばかりに目を向けていると無力感にとらわれ、自己効力感が落ちてしまいます。**自分がコントロールできるものと、できないものを見極めて、**

何をすべきかを決めていく決断力が必要になります。

リスキリングに失敗する人は自分がコントロールできる範囲を限定しがちです。「自分がこんなことを望んでいいのかどうか分からない」「あの人に何か言われるかも……」などコントロールを他者に任せてしまっています。

私が支援した人で「仕方がないですよね」が口癖になっている人がいました。その口癖をやめて「じゃあ、どうしよう?」という一言をまず言うように指導したところ、考え方が徐々に変わってきました。「じゃあ、どうしよう?」という一言は次の行動を考え、自分で決めるのだという意識に変えることができます。

好奇心(Curiosity)=探求力

好奇心は、数あるキャリア理論の中でも必須な資質として取り上げられます。それだけキャリア形成やリスキリングを成功させるうえでも重要だということです。自分の興味があるものに対して、積極的に関わりを持つこと(=点を打つ)、それを深めていく探究力(=点を大きくする)が求められます。

好奇心があまりない人に対して「何事にも好奇心を持って」と言ってもそもそも聞く耳がないので意味がありません。

そんな人にアドバイスしているのは、「3ヶ月に3回自分の専門外、できれば違う会社の人と話す。自分が通常は手にとらない分野の本を3冊読む。行ったことのない場所に3ヶ所行く」という宿題です。最初から好奇心旺盛ではない人は、**自分の興味以外のことを計画的に知る行動を習慣にする**ことで徐々に視界が開けて好奇心にも火がつきます。

自信(Confidence)=問題解決力

自信があることで、未経験の領域や不安定な環境の中でも、自分のキャリアを発展させやすくなります。自信がある人は、自己効力感が高い人でもあります。自己効力感とは、ある課題や目標に対して自分が適切な行動を取り、実現できる能力があると感じられている状態です。そうあるためには、問題解決力が自分に備わっている必要があります。

鶏と卵のようですが、自己効力感がないと問題解決は失敗しがちであり、問題解決の経験を積まなければ自己効力感は得られません。**日常や仕事の中にある小さな問題を1つ1つ解決していくことで問題解決力を上げ、自己効力感を高めていきましょう。**

自信がない場合の対策としては、前のChapterのインポスター症候群対策でも紹介した、スキルの棚卸しと「3 good things」がおすすめです。

私が支援している人の中には、自分は何ができるのかがよく分からないと自信なさげな人もいました。そのような人たちの多くが、リスキリングや越境学習を通じて葛藤しながら、新しい自分の姿を見ることによって、自己効力感を上げていました。自信と自己効力感は鶏と卵の関係ですから、たとえ今自信がなかったとしても、リスキリングを通じて自信をつけるのだと考えてみましょう。

学びを自分ごとにして稼ぐ力を加速させる

これら4つの資質を持ち合わせている人は、自分の進むべきキャリアを明確に認識でき、継続的に成長して自分のキャリアを環境と適合させていくことができます。

「新しい点など打たなくても、会社から求められている仕事はキッチリやっているから大丈夫！」と思う人もいるかもしれませんが、昨今多くの企業は終身雇用や年功序列などから、ジョブ型雇用（職務内容を明確に定義して、その職務を遂行するにふさわしいスキルや実務経験を持つ人を採用する手法）へとシフトしようとしています。キャリア形成の責任主体は、会社から個人へと移っていく流れはますます速まるでしょう。

まえがきでリスキリングを再定義するという提案をしたのは、リスキリングを自分の物語にしてキャリア適合させるためです。キャリア適合とリスキリングは両輪と考えましょう。

稼ぐ力② リスキリング能力

自己変革の力

まえがきでリスキリングは個人のトランスフォームだと定義しました。DXやGXなどの「X」はトランスフォーメーションの略で、「変化・変形・変容」を意味しています。この変革は一部の変更にとどまらず、全体的包括的な変容であることがポイントです。

DXとは現在の仕事をそのままデジタル化することではなく、「デジタル化により社会や生活のあり方やスタイルが変わること」を意味しています。また、GXも現在の取り組みやシステムを変えずに努力目標として環境破壊を減らそうということではなく、「脱炭素社会の実現に向けた取り組みを通じた、経済社会システム全体の変革」を目指しています。

同様に考えると、**リスキリングは、環境変化に対して自分のあり方を決めてトランスフォームする、自己変革**といえるでしょう。自己の価値観や信念、スキルや能力を発展・向上させ、新たなレベルに到達することがリスキリングで目指すところになります。

仕事の信念と流儀を覚醒させる

自己変革するためには、スキルセットだけでなく、マインドセットの変革が求められます。リスキリングを、単に新しいスキルを身につけることと考えていても稼ぎにつながりません。リスキリングに必要なマインドセットを覚醒させ、それを維持するというマインドセットの変革をセットで考えることで、環境にキャリアを適合させることができ、稼ぎ力が高まるのです。

詳しくはChapter7で説明しますが、**マインドセットとは仕事の信念と流儀**を指します。これは仕事によって異なるのですが、多くの方はそれを見落として、単に新しいスキルを習得することだけにとらわれてしまいます。

例えば、非常に優秀な研究者の方が、マーケティングやコンサルタントに転身してもなかなか成果が出せないのはスキルの問題ではなく、マインドの問題です。顧客志向、マーケット志向という信念を持ち、周囲の人たちとコラボレーションしながら進める流儀なども身につけなければ、仕事は上手くいきません。

「リスキリングができた、仕事も変わった、さあ頑張るぞ！」と勢いこんで新しい仕事に飛び込んで1ヶ月くらいで、相談に来る方がいらっしゃいます。「自分は全然上手くやれない」「新しい環境になじめない」と落ち込む人もいれば、「あのやり方はおかしい。間違っている」と新しい環境の否定を始める人もいます。これはマインドセット変革が追いついていないために起こる拒絶反応です。

新しい仕事に慣れるまでの葛藤は必要なものではありますが、マインドセット変革のやり方を知っておけば、不必要に周囲と衝突したり、落ち込んだりすることも減り、成果を出せる状態に早く近づくことができます。

何度でも自己変革できる

リスキリングを自己変革として捉えて実行することは、能力やパフォーマンスを向上させるだけでなく、自身の満足度や幸福感を高めることにもつながります。自己変革は人生に一度だけではなく、ライフステージが変わった時には必ず必要になります。人生100年時代はマルチステージであることを考えると、**リスキリングは一度きりのイベントではなく、持続的に求められる能力**といえるでしょう。

スキルセットとマインドセットの変革方法は、次の Chapter 以降で説明します。

稼ぐ力③
土台となる有形資産・無形資産

キャリア・アダプタビリティとリスキリング能力の土台となるのが、個人の持つ有形・無形の資産です。これらの資産はキャリアの適合や自己変革の成功確率を上げるものだというのがその理由です。

リスキリングするにあたっては、自分はどんな資産を持っているのかを棚卸しすると、成功確率が高くなり、実践的なリスキリング・アプローチが描けるようになります。では、それぞれどんな資産なのか見ていきます。

お金を味方につける

まず、有形資産は、現金・預金・証券などの金融資産や住宅・土地などの不動産など、実物資産であり目に見える資産です。リスキリングにとっては、スキルを得るためにかけられる金額や、かけられる期間や時間に関わってきます。スキルを習得するための研修やセミナー費用、スクールなどに通う場合の学費などは、有形資産から捻出されます。

有形資産の使い方でリスキリングに最も影響を与えるのは、何と言ってもお金です。この資産の使い方でリスキリングに失敗しがちな人は2種類います。自腹を切る覚悟がない人と、無駄遣いする人です。

前者は1冊の本を買うことすら躊躇い、研修やセミナーの参加費用など、まとまったお金は出す気がありません。会社がお膳立てしてくれるリスキリングだから自前の費用はゼロという人の場合でも、いつかは会社頼みではいられなくなります。自腹を切れないということは自分が将来得られるリターンも認識できていないということでもあります。

その逆の無駄遣いは、次から次へとセミナーを渡り歩くことです。「あれもこれも」と多くの学びの機会に投資するものの、仕事で成果が出ていない。こちらも具体的にどんなリターンを得たいのかが見えていないために、無分別に出資してしまっている結果です。

リスキリングにかけられるお金や時間については、すべて会社費用でリスキリングする場合には特に意識する必要はありません。しかし、一時的に収入が減ったり、収入がとだえたりするような場合には、その状態がどれだけの期間にわたって許容できるのかによって、リスキリングに費やすことができるお金や時間も変わってきます。

これはよくある話ですが、自分にはスキルがあると思い込んでフリーランスになったり、起業したものの、収入のない期間が続き、不安や焦燥感が募ってしまうことがあります。さらには家族との仲が険悪になってしまうケースもあります。

このようなことを防ぐためには、ある程度収入が減ることを許容するために**転身用資産を、あらかじめ見積もっておく必要**があります。私の場合は2年は無収入でも何とかなるだろうというタイミングで独立しました。どんなリスキリングをするのかにもよりますが、最低でも3ヶ月、長くて1年は無収入でもやっていける転身用の資産があると安心でしょう。

リターンを意識して資源配分する

また、**学びの時間を増やすことを可能にするのも有形資産**です。働きながら学ぶ時間を捻出するためには、今やっていることを何かやめたり、アウトソースしたりする必要があるからです。

例えば家事にかけている時間を学びの時間にするために、自動で掃除や炊事をやってくれる家電を買ったり、家の掃除などを家事サービスに任せることなどがその一例です。通勤時間を学びの時間にするために、グリーン車やタクシーを利用するといったお金の使い方もあります。

そこまでしなくても、睡眠時間などを削れば何とかなると思う人もいるかもしれません。しかし既に、日本人は先進諸国の中では最も睡眠時間が少ないという調査結果があります。睡眠時間を削ることは現実的ではなく、学びの気力や体力を奪うことにもつながります。学びを成功させるためにも、**学び時間を捻出するためのお金は必要経費**だと考えましょう。

私の知り合いのコンサルタントや事業部長クラスの中には、新しい仕事に就く前にはホテルなどにこもって、集中的にキャッチアップを行う時間を作る人が少なからずいます。もちろん自宅でも会社でもやろうと思えばできることですが、多少のお金を使っても、自分が集中できる環境を整えることが最もコスパがいいと考えていて、必要経費だと認識しているわけです。

お金の使い方は自分のスタイルともいえます。スタイルとはやるべきこととそうでないことが自分の中で明確になっていることです。リスキリングを成功させるために、**リターンを意識して、どこにどれくらいの資産を活用するのかを明確に**していきましょう。

目に見えない資産こそ上手に使う

無形資産とは、今は「目に見えない資産」であっても、いずれ有形資産につながりお金を生み出すことができる資産です。例えば以下のものです。

1 受けてきた教育や保有する能力
学位、資格、スキル、専門知識、経験値など

2 人的ネットワーク
築き上げてきた人脈、友人、家族など

3 個人のブランド
信頼残高、実績への信用、評判、ソーシャルメディアのフォロワーなど

4 活力資産
肉体的・精神的健康、家族・友人との良好な人間関係、楽しめる趣味など

リスキリングの3つの成功要因としてあげた、ピボット、スピード、レジリエンスを実

践するためには、これらの無形資産を使うことになります。自分の現在持っている能力を軸にピボットしたり、最速で学ぶために色々な人の力を借りたり、心身ともに健康であることがレジリエンスを高めます。また、信頼があれば、学びに関するよい情報を教えてもらったり、アドバイスやフィードバックをもらえる機会も、格段に増えます。

学び上手な人はSNS上のつながりの活用にも長けている人が多いです。何かを知りたいときや、困ったときに「誰か教えて」とSNSで発信すると、多くのアドバイスや情報を集めることができるのは、しっかりと無形資産を活用しているからです。

私は以前、「今度こういうスクールに通おうか検討中」とSNSに投稿したところ、「ここはやめておいたほうがよい」「それをやるならこちらがおすすめ」など色々なコメントが寄せられ、時間やお金を無駄遣いせずに済みました。

リスキリングしながら無形資産も増やせる

無形資産は一朝一夕で作ることができるものではありません。しかし、**その存在を日頃から意識することが、無形資産形成につながります。**自分が何かを教えてもらったら、その人の役に立ちそうな情報を提供したり、他の人にも教えてもらったことを共有すると、信頼残高を増やせます。

キャリアもスキルも、自分一人で作り上げることはできないからこそ、こういった無形資産がものをいいます。**現時点で自分の無形資産が少ないと感じても、リスキリング期間を通じて自分が情報発信したり、人の成長に貢献することで増やすこともできます。**

それぞれの資産で、リスキリングに活用できるものは何があるのか、棚卸しをしてみましょう。ヒト・モノ・カネ・時間・健康など各資産の具体的な活用方法はChapter8で説明します。

2つのリスキリング・アプローチ

さて、ここまで稼ぐ力を分解して紹介してきました。ここからはリスキリングをどうやって進めていくのか、リスキリング・アプローチを説明します。

私が様々なビジネスパーソンのリスキリングを支援するなかで見出したのは、図表3-2のように2つのアプローチがあるということです。

目標の状態で変わるアプローチ

1つ目の「**ギャップフィル型**」**は、既に新しい仕事が明確になっている場合**のアプローチです。今の自分と新しい仕事に必要なスキルにギャップがあり、そのギャップを埋めるためにリスキリングを行います。新しい仕事の内容が明確に定められていれば、必要なス

図表3-2

2つのリスキリングアプローチ

ギャップフィル型 探索アプローチ	ビジョン設定型 模索アプローチ

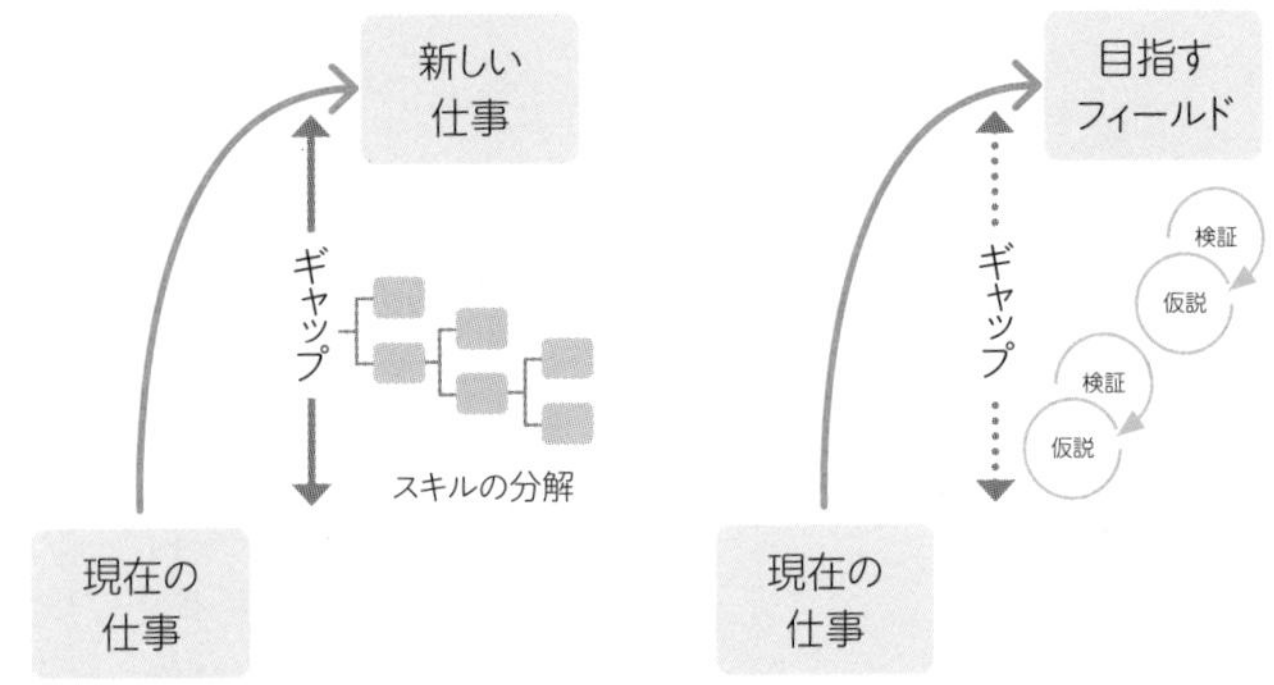

ギャップフィル型 探索アプローチ	ビジョン設定型 模索アプローチ
Step1	Step1
新しい仕事に就く	コミュニティを探す
Step2	Step2
マインドセットの変革	仮説・検証で絞り込む
Step3	Step3
スキルセットの変革	スキルとマインドの変革

キルも大抵は定義されていることが多いです。また、スキルが定められていなくても求められる役割や成果からスキルを分解することができ、自分の能力とのギャップが把握しやすいでしょう。

これは行動しながら探り求める「探索型アプローチ」ともいえます。

もう1つは、「ビジョン設定型」です。**こちらは具体的な仕事としては定まっておらず、「こういう領域の仕事をしてみたい」という目指すフィールドがある場合**です。

例えば「AI関連のビジネスに携わりたいけど、具体的な仕事はイメージできていない」というような状況、あるいは「社会課題を解決するような仕事」「人の成長をサポートするような領域」など、目指すフィールドはあるものの、具体的な仕事としてはまだ定まっていない、もしくは現時点で該当するような職業が存在していないという状態です。

職業や仕事が見えていない、もしくはまだ存在していない新しい領域となると、必要なスキルも現時点では明確に定まっていません。こちらは状況が不明な中で色々試みながら進めていく「模索型アプローチ」といえるでしょう。

それぞれのリスキリング・アプローチは異なります。

ギャップフィル型のアプローチ

Step 1 新しい仕事に就く　自分の新しい物語としてキャリア・アダプトする

ギャップフィル型は、既に新しい仕事が目の前にある状態からのスタートです。直近ではなくても、数ヶ月先に異動などが決まっている場合もこれにあたります。場合によってはスキルを習得する前に新しい職に就いていることもあるでしょう。会社からリスキリングプログラムが提供されている場合、ＤＸ関連職種など、ある程度決まっていることが多いでしょう。

新たな仕事が自分の望む仕事ではないこともありえますが、キャリア・アダプタビリティの項で説明したように、自分の物語として定義します。

Step 2 マインドセットの変革　リスキリングに必要なマインドの覚醒と維持

自分にとって意味がある物語を設定したとしても、すぐに気持ちが切り替わって追いつくわけではありません。リスキリングを効果的に行うには、新しい仕事に向けたマインドセットの変革をする必要があります。

詳細はChapter7で説明しますが、リスキリングマインドを覚醒し、維持するために3つの壁を乗り越えていきます。壁を乗り越えるために、越境学習やアンラーニング（新たなスキルや知識を取り入れるために、習得済みの習慣やスキルを取り消すこと）の考え方を取り入れます。また、リスキリングを継続させるために、学びの環境を整え、妨げになるものをなくしていきます。

Step 3 スキルセットの変革 稼げるレベルまでのスキル習得

スキルセットの変革は4つのステップで実現します。詳細はChapter4～6で説明しますが、以下の4つのステップで稼ぎにつながるレベルまでリスキリングします。

概念の理解：「知っている」スキル習得に必要な情報を知識として知っている状態
具体の理解：「やったことがある」実務として実行した経験がある状態
体系の理解：「できる」異なる状況でも再現できるスキルになっている状態
本質の理解：「教えられる」これからリスキリングをする人に教えられる状態

体系の理解、本質の理解まで到達して稼げるレベルになります。

ビジョン設定型のアプローチ

Step 1 目指すフィールドとコミュニティを探す

ビジョン設定型では、**まずはざっくりとどういうフィールドを目指すのかを決めます**。全体像が見えているわけではなく、このあとの仮説・検証によって目指すフィールドは変わることもありますので、あまりがちがちに固める必要はありません。

フィールドを定めたら、次はそのフィールドに関連する**コミュニティを探します**。コミュニティは、オンライングループや、勉強会、ビジネススクール、大学・大学院など種類や形態は特に問いません。コミュニティに属するのは、情報を得るためです。新しい領域や自分が詳しくない領域では、どのような仕事があるのか、どんなスキルが必要なのかを自分一人の力だけで知ることは難しいので、コミュニティに属することで情報収集を行い、徐々に狙いを定めていきます。

また、新しい領域の場合は、しっかりと体系的な学習カリキュラムがないことも多いでしょう。例えば昨今のＡＩなどの領域は目まぐるしく進歩していくため、自分の思い込みで突き進んだり、独力で頑張ろうとしても的外れになりがちです。まずはコミュニティに属することで最新情報を日々得られるようにします。

Step 2 仮説・検証で絞り込む

コミュニティで得た情報を仮説・検証していきます。越境や副業・複業の場に身を置いたり、プロジェクトに参加したり、コラボレーションなどをしながら、仮説・検証のサイクルを回します。このアプローチでは、まずはその領域を知り、それが**自分の目指すキャリアとしてよいのかを検証**します。

既にその仕事でキャリアを築いている人にできるだけたくさん会い、その仕事がどんな価値を提供しているのか、どんなスキルが求められるのか、その仕事ではどの程度の収入が得られるのか……といった情報を集めます。

またコミュニティでのつながりは、仕事をすることになったときにも助けになる無形資産にもなります。一方的に自分が情報を得ようとするのではなく、**自分ができる貢献を意識することで、逆に入ってくる情報や人脈も増えていく**でしょう。

また初心者が陥りがちなケースとしては、仮説を持たずにとりあえずコミュニティに参加し、検証もしないまま、領域を絞り込めずにずっとコミュニティ関連の付き合いを続けるというものがあります。人生全体で考えれば問題ありませんが、新たな仕事に就くということを考えると、**自分の仮説を持ち、検証して絞り込んでいくことを忘れないように**しましょう。

場合によっては、副業・複業として実践してみて、自分が本腰を入れて目指すキャリアかどうかを検証してみてもよいでしょう。

Step 3 スキルセットとマインドセットの変革

仮説・検証を踏まえて目指す仕事や必要なスキルを定めたら、あとはギャップフィル型のStep2とStep3と同様にスキルとマインドの変革を行います。

リスキリングの目標を設定する

ここまでで、

○稼ぐ力＝キャリア・アダプタビリティ×リスキリング能力×有形・無形資産
○2つのリスキリング・アプローチ

という2つの考え方をご紹介しました。皆さんは自分のリスキリングがどんなものになりそうか徐々にイメージできてきたのではないでしょうか。では、いよいよ準備編のラストです。自分のリスキリングの目標を設定しましょう。

リスキリング準備シートで目標設定する

前項まで紹介した稼ぐ力の3つの要素を整理して、自分のリスキリング目標を設定します。

この目標設定をするためのワークシートと記入例が以下です。これを参考にして、Excel や PowerPoint、ノートなどツールは問いませんので、折に触れて見られる方法を選んで作成してみましょう。

それぞれの項目と記載内容は以下です。

①キャリア・ストーリー

リスキリングのスタートは、まずは自分が描きたいストーリーを描くところから始まります。**半年から1年くらい先をイメージして考えるとよいでしょう。**

これまでのキャリアから考えた新しい点の位置づけと、今後目指すキャリアを描きます。昇進や年収の目標など具体的な目標も記載します。学びの方向性を明確にすることによっ

図表3-3

リスキリング準備シート記入例

1 キャリア・ストーリー

業務改革を実行した際に体験した改革の難しさを乗り越えるために、
改革のプロフェッショナルであるコンサルタントを目指す。
転職後半年から1年後に昇進し、年収を○○○万円アップさせる。

2 リスキリング目標（期間:3ヶ月）

スキルセット

- 情報収集・リサーチスキル
- ロジカルシンキングスキル
- 資料作成・プレゼンスキル

マインドセット

- 外資系企業への心理的な壁を乗り越える
- クライアントの期待を超えるための行動特性を身につける
- 家族の理解を得る

3 リスキリングに活用する資産

有形資産

- セミナー・スクール授業料：○万円
- 家事代行サービス：○万円／月
- 書籍代：○万円
- コミュニティ会費：○千円／月

無形資産

- 先輩（3月にコンサルへ転職）
- 勉強会の仲間
- ビジネススクールの先生

て、必要なスキルとマインドがより明確になります。

②リスキリング目標

獲得を目指すスキルセットとマインドセットを記載します。具体的にどんなスキルが必要なのかは、Chapter4の変革の進め方の中で明確になります。まずは自分なりに「こういうスキルが必要なのではないかな」と仮説を立ててみましょう。仮説・検証は曖昧な状況下で物事を進める基本でもあります。求められるスキルセットの仮説を立てたうえで、スキルマップ作成時に調べて具体化していきましょう。

また、乗り越える必要のある壁や障害などメンタルブロックがあればそれも書き出します。「何だか分からないけど不安」という状態ではなく、**自分は何に不安を抱いているのかを言語化することで打開策を考えやすくなります。**

③活用する資産

リスキリングに活用できる有形・無形資産を全部洗い出します。考えられるものはすべて書き出しましょう。私がカウンセリングする際に、「こういうものは持ってない?」「こういうことに詳しい知り合いはいないの?」などと聞くと、「そういえば……」と出てく

ることが多いのです。使えるものはどんどんと有効活用しましょう。

逆に、人から何か聞かれたら自分の知見は惜しみなく提供しましょう。それにより自分の経験値があがりますし、また次に助けてもらえるという循環も生まれます。

ここまでできたら準備完了です。スキルセットとマインドセットの変革に乗り出しましょう！

Chapter4

スキルセット変革編

スキルセット変革の進め方

このChapter4からChapter6までは【スキルセット変革編】になります。リスキリングによって新しいスキルを身につけ、それで稼げるプロになる方法を解説します。

スキルセット変革は、次の４つのステップがそのレベルに到達することを目指します。

概念の理解：「知っている」スキル習得に必要な情報を知識として知っている状態
具体の理解：「やったことがある」実務として実行した経験がある状態
体系の理解：「できる」異なる状況でも再現できるスキルになっている状態
本質の理解：「教えられる」これからリスキリングをする人に教えられる状態

Chapter4ではまず、スキルを効率よく習得するために必須の「3つの地図」についてご紹介します。地図もないのに冒険に出てしまっては、失敗する可能性が高くなります。リスキリングの成功の可否に大きく影響を与えるパートですので、ここでの手間を惜しまないようにしましょう。

Chapter5では学びのステップの前半である、「概念の理解」と「具体の理解」を

図表0-2

リスキリングの進め方全体像（再掲）

リスキリング準備：キャリア実現のアプローチを描く

Step1 リスキリングの理解（6人のリスキリング成功体験記）

Step2 リスキリング目標設定
キャリアストーリー／リスキリング目標／資産棚卸し

スキルセット変革

Step1 概念の理解
全体像の把握とインプット
- 3種のリスキリングマップ
- 書籍・研修・セミナーでの学び

Step2 具体の理解
実践とフィードバック
- 実践と人からの学び
- ラーニング・ジャーナル

Step3 体系の理解
学びの体系化
- フレームワークによる構造化

Step4 本質の理解
本質を導き出す
- 因数分解
- べし・べからず集

マインドセット変革

Step1 マインドの覚醒
3つの壁を乗り越えて覚醒する

思い込みの壁　恐怖心の壁　環境の壁

アンラーニング／越境学習／副業・複業

Step2 有形・無形資産の活用と維持
5つの資産を有効活用する

ヒト　モノ　カネ　時間　健康

図表4-1

スキルセット変革の進め方

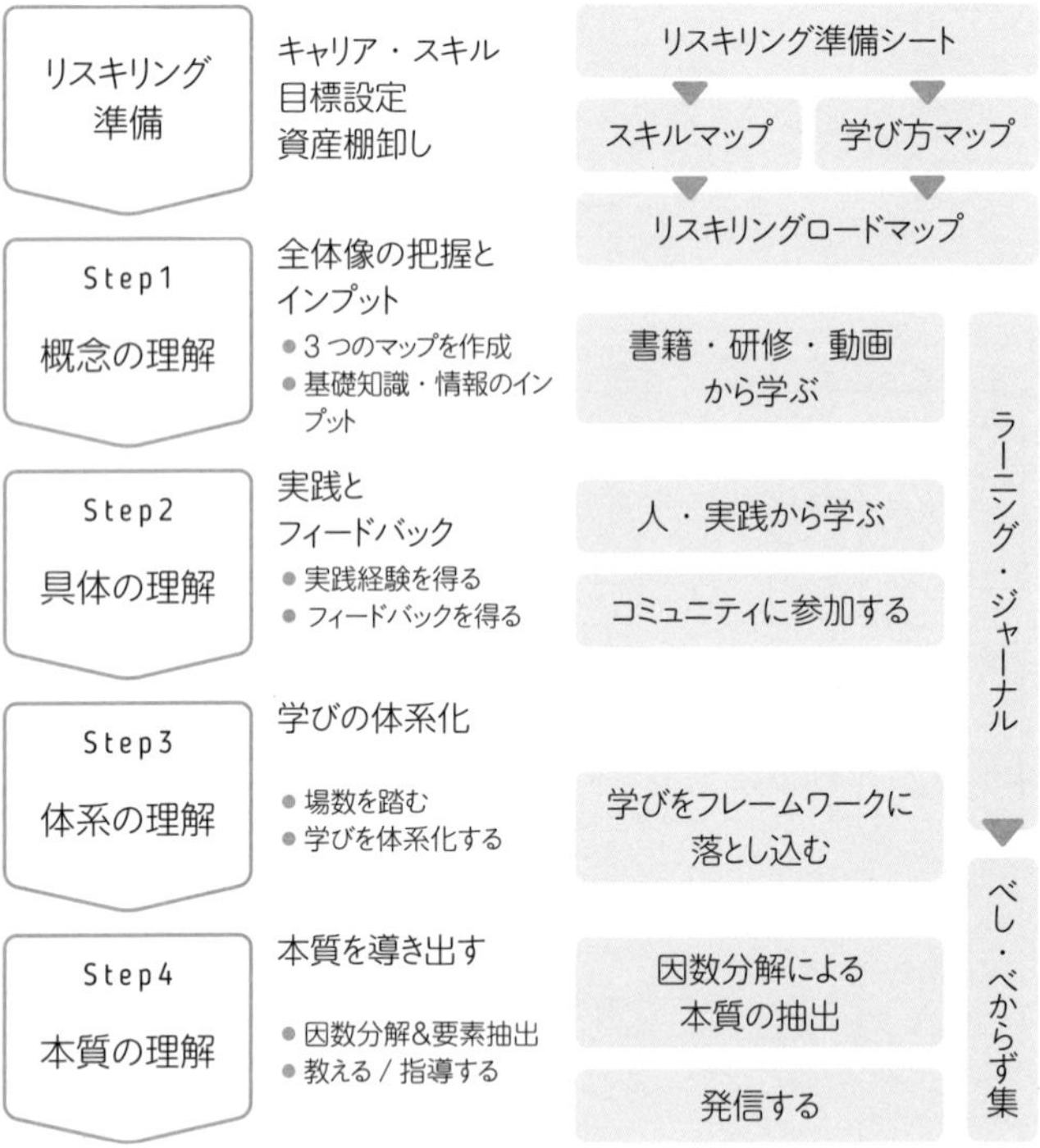

リスキリング準備
キャリア・スキル目標設定
資産棚卸し
リスキリング準備シート
スキルマップ
学び方マップ
リスキリングロードマップ
Step1
概念の理解
全体像の把握とインプット
● 3つのマップを作成
● 基礎知識・情報のインプット
書籍・研修・動画から学ぶ
Step2
具体の理解
実践とフィードバック
● 実践経験を得る
● フィードバックを得る
人・実践から学ぶ
コミュニティに参加する
Step3
体系の理解
学びの体系化
● 場数を踏む
● 学びを体系化する
学びをフレームワークに落とし込む
Step4
本質の理解
本質を導き出す
● 因数分解&要素抽出
● 教える／指導する
因数分解による本質の抽出
発信する
ラーニング・ジャーナル
べし・べからず集

学びます。ここで目指すのは最速のキャッチアップです。この段階では、抽象化された概念を理解し、実践によって具体的な理解を体得していきます。膨大なインプットや、まだ慣れていない手探りの実践でのつまずきなどがあり、心が折れがちですが、それを乗り越える方法もお伝えします。

Chapter6では、スキルセット変革の後半、「体系の理解」と「本質の理解」を学びます。前半の「概念の理解」「具体の理解」はインプット中心のステップでした。後半の「体系の理解」「本質の理解」はアウトプットのステップです。ここでは、プロとして「できる」レベルを経て、最後はその領域の第一人者として、何が重要なのか本質を体得して、第三者にそれを「教えられる」レベルを目指します。教える経験を積むと、自分の経験から得られた学びが洗練されていきます。アウトプットによって、その領域でのスキルセットが完成形に近づき、より稼ぐ力が強くなります。

では早速、Chapter4から見ていくことにしましょう。

学びの3つの攻略地図を準備する

ではいよいよスキルセットを変革するための行動に移ります。「新しいことを学ぼう！」と意気込むのはよいのですが、闇雲に何か1冊本を買って来て読み始めたり、とりあえず目についた研修やセミナーに参加するのは得策とはいえません。それは、地図もないのに砂漠を歩き出す、海図もないのに航海に出るようなものです。どんなに進んでも、どこまでいけばいいのかが分からなければ、上手くいっているのかどうかさえ分かりません。

「何を」「どうやって」「いつまでに」学ぶか

まずは、**半日から1日かけてもいいので「何を」「どうやって」「いつまでに」学ぶのかを地図のように描きます**。どんな分野があって何に力を入れるのか、どうやってどれくらいの時間をかけて学ぶのか、いつまでにどういったレベルまで達成すればいいのか。これが分かっていれば、迷わずにリスキリングを進めることができます。ここでは「何を」「どうやって」「いつまでに」学ぶのかを決めるための、3つの学びの攻略地図をご紹介します。

①スキルマップ：「何を」学ぶのかを決める
②学び方マップ：「どうやって」学ぶのかを決める
③ロードマップ：「いつまでに」学ぶのかを決める

攻略地図①スキルマップ

1つ目のスキルマップは、スキルや必要な知識を洗い出して、学ぶことの全体像を把握するためのものです。リスキリングで稼げるレベルを目指すなら、行き当たりばったりで始めるのは得策ではありません。

現代は仕事の高度化・専門化が進んでいるため、インプットの量も自ずと膨大になります。この時に気をつけたいことは、膨大な情報に翻弄されないということです。最初にしっかりと全体を把握し、計画的にインプットをしていかないと、その情報量に圧倒され、

図表4-2

3つの学びの攻略地図

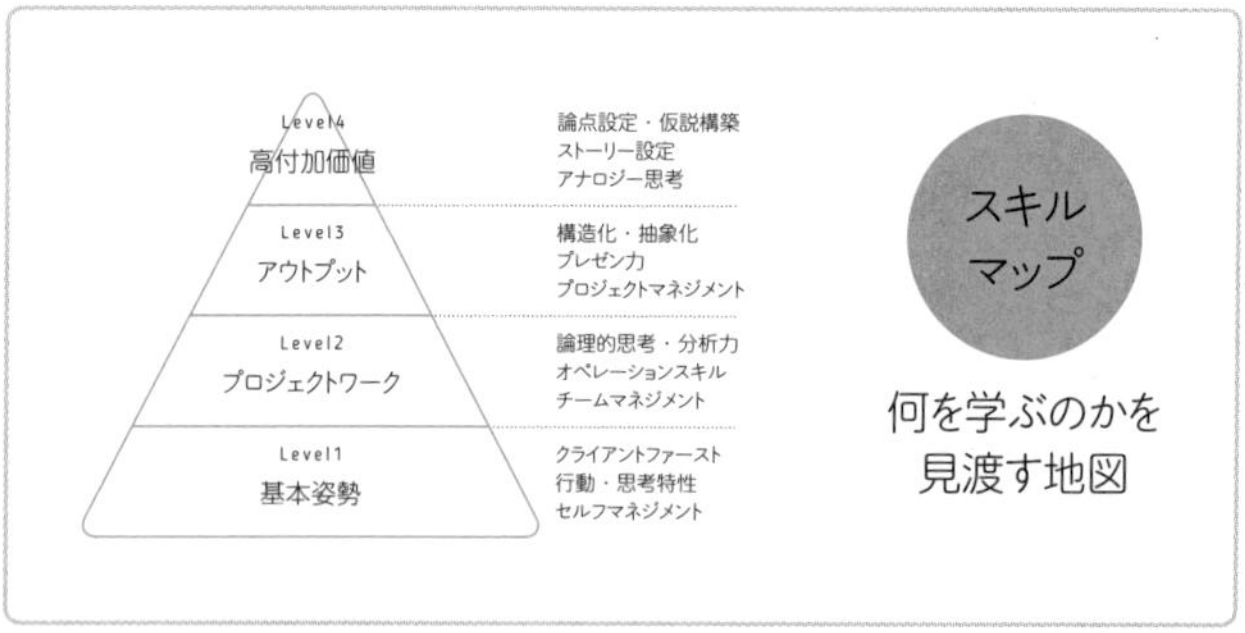

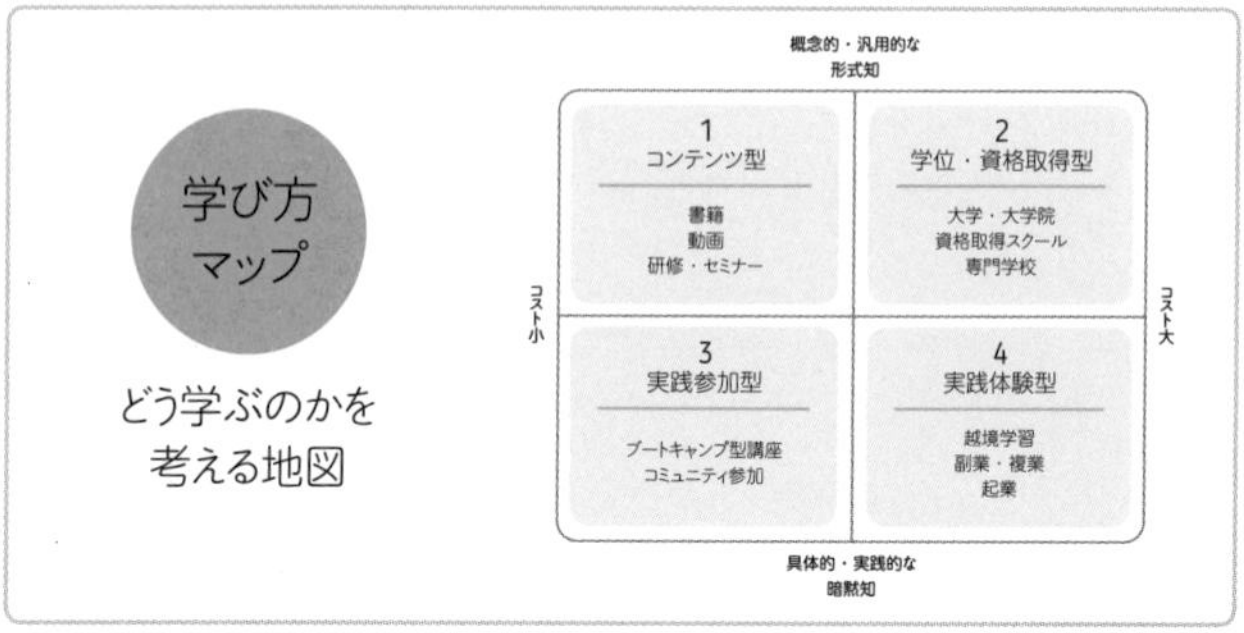

	202X年 4～6月	202X年 7～9月	202X年 10～12月	202X年 1～3月
達成状態	配属までに業務知識概要を理解し、会議での議論で見解を述べられる Day1 (5/1)	詳細な指導を受けずに単独で業務遂行 企画会議 (9月)	企画案を複数提出して採用されている状態 重要な場面でのプレゼンを任される	詳細な指導を受けずに単独で業務遂行 成果報告会 (3月)
インプット	・関連書籍10冊 ・動画視聴	ブートキャンプ参加 (5-6月)	業界 コミュニティ 参加	海外事例収集
アウトプット	・ラーニングSNS投稿（毎日） ・リスキリングレポート（週次で上司へ） ・部内勉強会（月1回程度）		事例共有会で発表 社外コミュニティでプレゼン実施	企画のポイントをマニュアル化して伝授

ロードマップ

達成までの道筋を描く地図

やってもやっても終わらない……と挫折してしまったり、あまり重要ではない箇所を深掘りしてしまうなど時間を無駄遣いしてしまうでしょう。

攻略地図②学び方マップ

2つ目の学び方マップは、学びの手段を洗い出して一覧にするものです。テクノロジーの進展やオンラインコミュニケーションの浸透により、学び方や学びのためのコンテンツは多様化しています。自分にとって最適な学び方を検討するためのマップを作成します。

実は、自分のレベルやニーズに合っていない学び方やコンテンツを選ぶ人は少なくありません。貴重な時間を費やして、書籍を読んだり、研修やセミナーに参加しておきながら「期待はずれ」で終わってしまうのは、とてももったいない選択ミスなのです。リスキリング準備シートで洗い出した有形・無形資産を意識して、学び方をしっかりと考える必要があります。

攻略地図③ロードマップ

攻略地図3つ目のロードマップは、到達点までの道筋を示します。①スキルマップと②学び方マップの両方を見ながら、何を、いつまでに、どのレベルまで習得するのかを決めるのです。到達点を明確にしないのは絶対におすすめしません。

例えば「キックオフミーティングまで」「○○さんとの打合せまでに」など新しい仕事のスタートの日を決めるのです。新会社がスタートする日や新サービスリリースの日をDay1（デイワン）といいますが、自分がこの日からプロとしてスタートする日をDay1として定めます。そのDay1を目指して、まずはどのレベルに到達しているべきかを決めます。

もちろん、Day1以降もスキルを高めていくことが求められますので、その仕事を始めたあとの到達点も決めて、どうスキルを高めていくのかをプランニングします。

この3つは、PowerPointやWord、Excelなどパソコンのアプリケーションを使って作成するとよいでしょう。特に推奨アプリケーションはありませんが、**全体像がつかみやすく一覧性が高く作成できるもの、情報の追加や更新などがしやすいものがおすすめ**です。

次からはそれぞれのマップの作り方を説明します。

スキルマップで必要なスキルと知識を見える化する

まずは「何を学ぶのか」を把握するスキルマップの作成です。スキルマップとは、これから学ぶ対象や領域がどんなものなのか、**学ぶべきスキルや知識の全体を見える化して把握する地図**です。

スキルマップを作成するにあたり、成熟した領域の仕事であれば、必要なスキルセットが体系化されていることが多く、把握しやすいです。一方、新しい領域の仕事に必要なスキルセットは明確になっていないことが多いので、自らマップを作成する必要があります。また、新しい情報や知識も次から次へと出てきますので、自分の中でそれらの位置づけや重要性を定めるためにもこの地図が必要です。

このあとのページに2つのスキルマップを示しました。1つはコンサルタントのスキルマップで、ピラミッド型で表現しています。もう1つは、DX人材になることを想定して

図表4-3

コンサルタントのスキルマップ

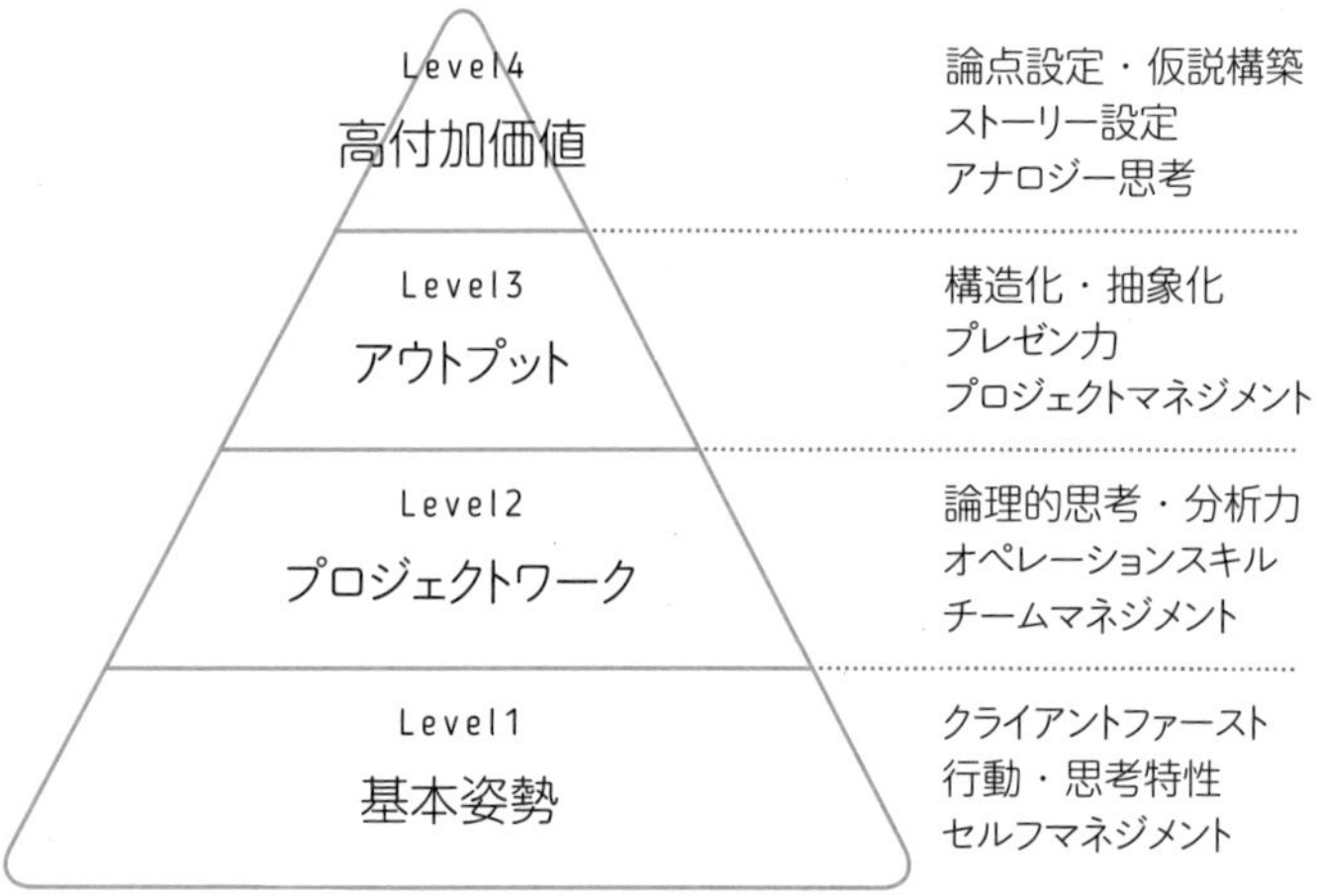

作成したスキルマップで、これはマインドマップ形式で作成しています。

ピラミッド型はレベル感があるスキルの整理に向いており、マインドマップは幅広いスキルや詳細な知識などを整理したい場合に向いています。**スキルマップは絶対にこの書き方でなくてはいけないというものではありません。**あくまでも重要なのはスキルや知識の全体を俯瞰できるようにすることですので、色々と書き出しながらカテゴリー分けしていけば十分です。

スキルマップは変化・進化する

スキルマップは、一度作成したら終わりではありません。随時書き加えたり、変更したりします。テクノロジーなど進度が速い領域では学んでいる間に新たな領域が生まれてくることもよくあります。また学んだり、仕事をしてみて必要だと認識する事柄もあります。新しく得た情報や知識をもとに、スキルマップをどんどん進化させていってください。

またこのマップは、「必ず1枚にまとめよ」というものでもありません。色々学習していくうちに、カテゴリーの分け方を変更したり、増やしたりする必要がでてくるでしょうから、何枚になっても問題ありません。当然、あるカテゴリーについてさらに深く掘り下

図表4-4

マインドマップ型のスキルマップ

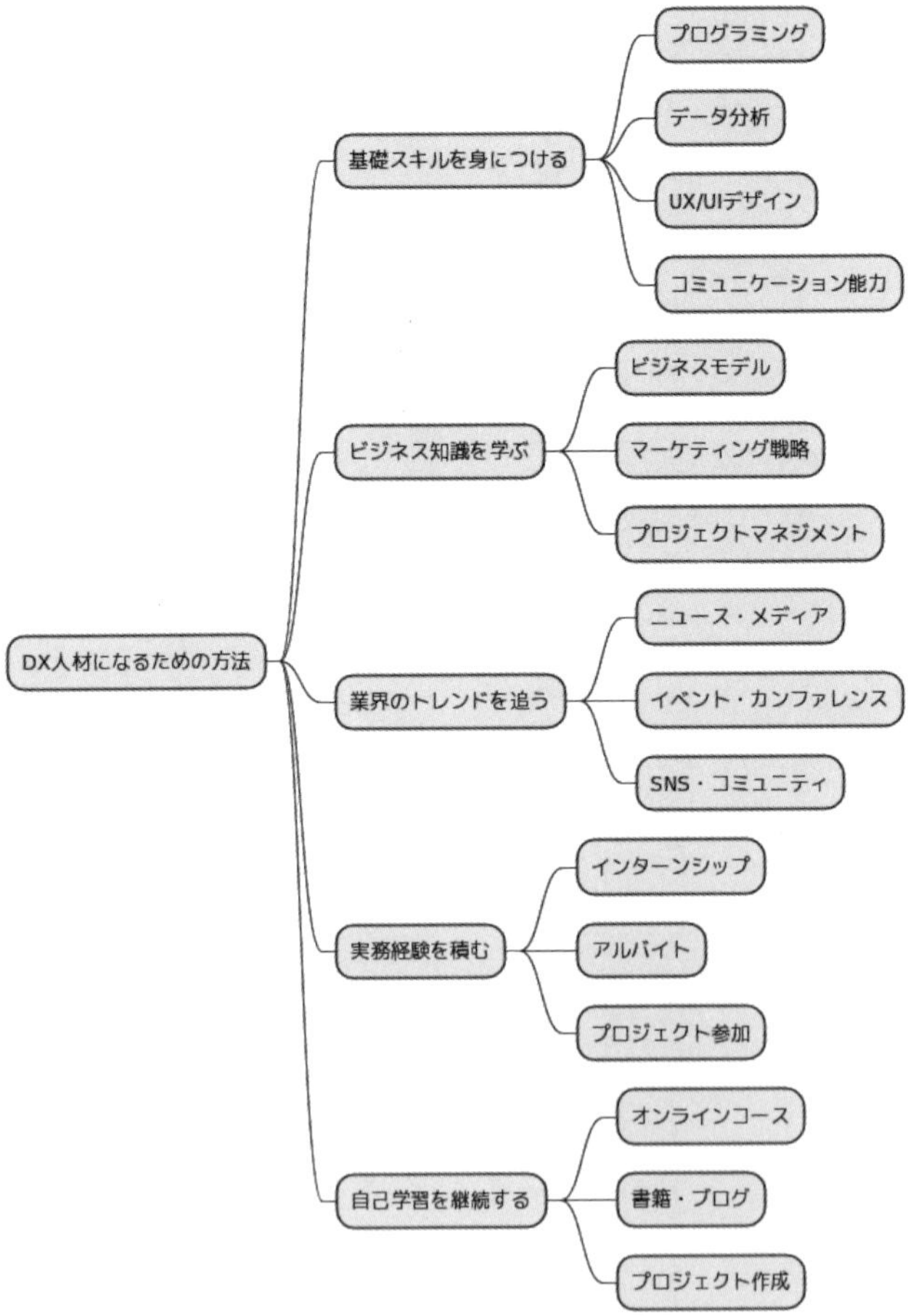

げたスキルマップを作る、という場合も出てくると思います。

そうやって**あとで書き加えたり修正したりすることを考慮すると、手書きでなくデジタルで作成することがおすすめ**です。また、状況に応じてアプリケーションも使い分けたほうがベターです。

私の場合、情報がそれほど多くない場合はPowerPointやメモアプリケーションで、膨大な量が予想される場合はExcelで作成する、といった具合に使い分けています。

全体を把握はするが網羅はしない

ここで1つ、注意点があります。それは、**スキルマップのすべてを学ぶ必要はない**ということです。どんな領域があるかを把握するためのスキルマップであり、全部こなす必要があるTo-Doリストではないのです。

スキルマップは全体を把握し、取るところと捨てるところを選別し、優先順位を明確にするためのものです。スキルや知識がこれだけあると知っていてやらないのと、知らずにやらないのとでは、大きく違います。

受験勉強なら、ある程度の網羅性が求められます。例えば世界史の試験なら、世界史全般を勉強しておかないと、試験対策として万全とはいえません。

しかし、リスキリングは受験勉強とは違います。網羅性を追求しようとすると、自己満足の深みにはまってしまうリスクがあります。Chapter3で、学んでも学んでも自信が持てず、セミナーへの参加を繰り返し、次々と新しいことを学び続けてしまう人がいるという話をしましたが、これも**スキル・情報マップで優先順位をつけておくことで不安にならずに済みます**。

学びすぎた結果、ビジネスのタイミングを逃すようなことになったら、それこそ本末転倒です。リスキリングの目的は、短時間でバリューを生み稼げるレベルに到達すること。これを忘れて、学ぶことそのものを目的としないよう注意しましょう。

人やAIに頼りながらスキルマップのカテゴリーを作る

「この仕事ではこういうスキルセットが必要です」と明確になっていれば、まずはそれを頼りにスキルや情報のカテゴリーを作ります。それがない場合、作り方は3つあります。どれか1つだけでも構いませんが、組み合わせることでさらに精度が高まります。

①書籍の目次を参考にする

最もオーソドックスな方法は、**書籍のカテゴリーや目次を参考にする**ことです。スキル系なら「入門書」、業界の専門知識系を学ぶなら「業界本」の目次が、そのままスキルマップのカテゴリーとして使えます。

また、書店の棚のカテゴリーも参考になります。丸善、紀伊國屋書店、三省堂書店、ジュンク堂書店など、大型書店の書棚は、ある学問領域に対していくつかの棚にカテゴリー分類されています。一度、足を運んでみるといいでしょう。

アマゾンなどのインターネット書店に掲載されている目次を参考にしてもよいでしょう。学びたいキーワードで検索すると、様々な本がズラリと表示されます。これが最初の一歩です。次に、ザッとでいいので、なるべく種類が異なる本の目次と書評を見ていきます。目次を見れば、さらに小さいカテゴリーについて把握することができます。目次が掲載されていない場合もありますので、そういうときは他のインターネット書店か、あるいは出版社のサイトを調べてみるといいでしょう。

この他、会社の業務知識を勉強する場合なら、仕事のフローで分ける、部門単位で分けるなど、カテゴリーを作るうえで参考にできるものはたくさんあります。

②ChatGPTなどの生成AIを使う

カテゴリーを洗い出すのに、AIを使うのもおすすめです。実は、図表4-4のマインドマップ型のスキルマップはChatGPTを使って作成したものです。Googleなどの検索エンジンで探す場合、まとまったページが見つかればよいですが、大抵はバラバラのページに書かれていて、それぞれの内容も一長一短であることが多いでしょう。それらを読みこんで、カテゴリーを作っていくことは思いの外、時間をとられます。

そんな時にとても便利なのが生成系のAIです。生成系AIは、文章、ストーリー、画像、動画、音楽など、新しいコンテンツやアイデアを作成できるAIの一種です。膨大な量のデータで事前にトレーニングされた大規模モデルを利用しており、問いや、お題を与えると高度な文章やコンテンツなどのアウトプットを提示してくれます。

ただし、生成系AIが出したものをすべて正解として鵜呑みにするのは危険です。なぜなら、AIが学習する情報ソースはインターネット上の情報であり、それが間違っていた場合には、出てくるものも間違ったものになるからです。**情報を効率よく集めてまとめたり、自分が考えたものを検証するためのものとして有効活用しましょう。**

こういった生成系AIは、新しいことを学ぶうえで欠かせないものになっていきます。これからは、大学や高校などの教育機関でも使われるようになるでしょう。仕事への活用を考えることにもつながりますので、生成系AIを使ったカテゴリー洗い出しに是非チャレンジしてみてください。

以下にやり方を示します。

③ コードをマップにしてくれる以下のサイトにアクセスして、コードを貼り付けます。
https://www.plantuml.com/plantuml/uml/SyfFKj2rKt3CoKnELR1Io4ZDoSa70000

④ 「Submit」ボタンをクリックすると下にマップが表示されます。マップをコピーして PowerPoint や Word に貼り付けて活用します。

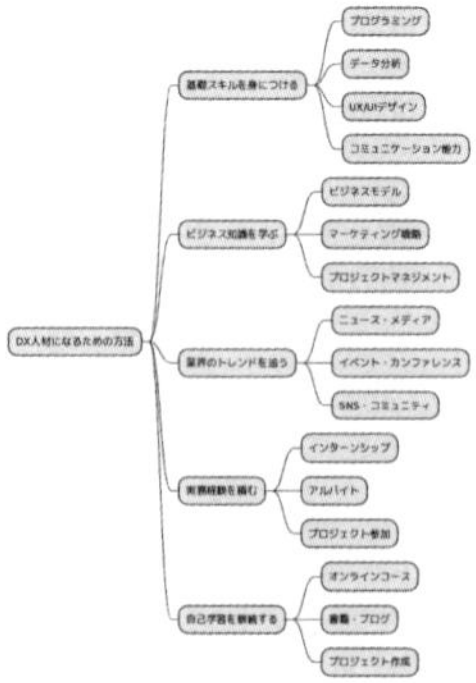

図表4-5

ChatGPTでマインドマップを作成する方法

ここではUMLという言語を使ってマップを作成しています。UMLとはUnified Modeling Languageの略で、システムの構造を図を用いて表現することができ、視覚的に把握できるようになります。ChatGPTでUMLコードを作成し、マップを作成するサイトに貼り付けています。

ChatGPTの準備:アカウントを作成する

以下のサイトの「TRY CHATGPT」をクリックしてログインします。アカウントを持っていない場合には登録してください。
https://openai.com/blog/chatgpt/

1. ChatGPTのコマンド欄に以下の文章を入力します。下線部分は自分の目指す領域や仕事、ビジネスなどを当てはめてください。
   例:「AIを活用したビジネスをするために必要なスキルや知識をマインドマップにまとめて、PlantUMLで出力してください。」

2. 以下のようにPlantUMLのコードで出力されるので、「Copy Code」をクリックして、コードをコピーします。
   ※ChatGPTは環境によって出力結果が異なります。

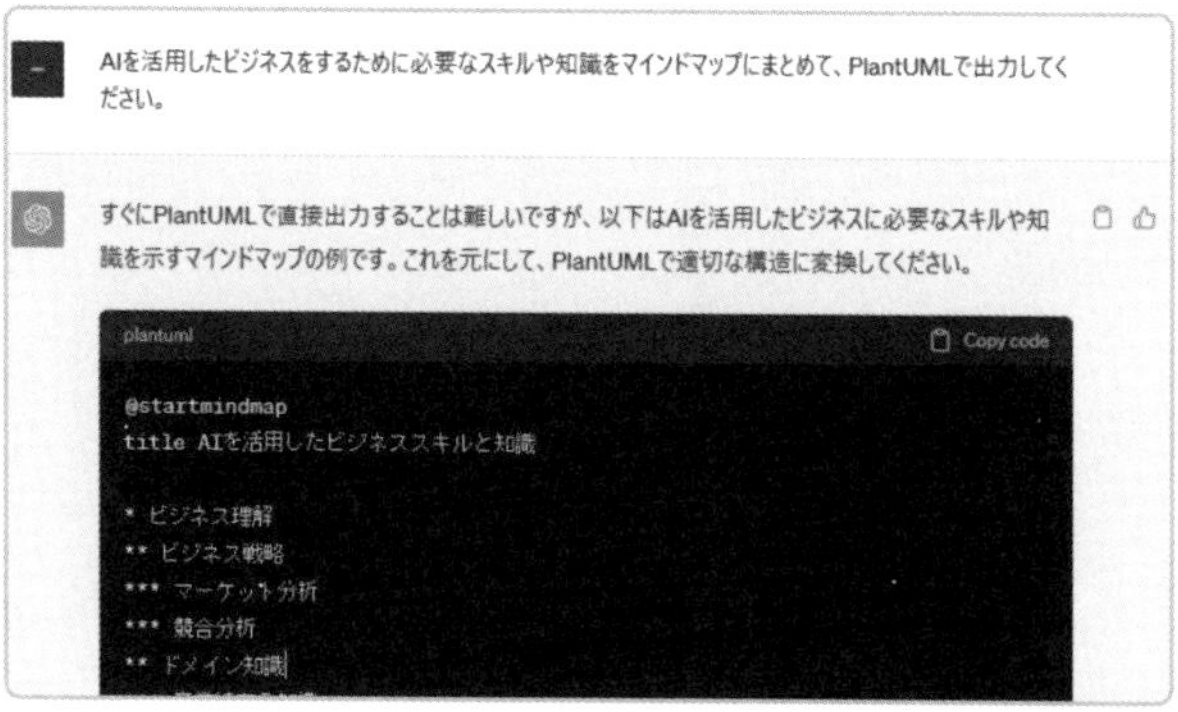

このようにゼロからＡＩで作成するのもよいですが、自分が考えて洗い出したスキルカテゴリーをChatGPTに読み込ませて、「〇〇スキルの領域として、以下のリストに不足しているものを追加して」と検証させるのも使い方のひとつです。

③人に聞いて精度を高める

まったく自分が調べていないゼロベースの状態で、人に聞くのはさすがに相手の負担になりますが、①や②で作成したものをベースとして、その道の先達や専門家、先輩、上司などにスキルマップを見せてアドバイスをもらうとよいでしょう。

その道の先輩や専門家に見てもらえば、より適切なカテゴリー分類を教わったり、おすすめの書籍や学び方を教えてもらったりすることができます。そうすると、スキルマップや、このあと作成することになる学び方マップの精度をいっそう高めることが可能になります。**恥ずかしがらずに、どんどん人に見てもらいましょう。**それが、効率よく学習する近道なのです。

図表4-6

ChatGPTに スキル領域の不足を検証させる

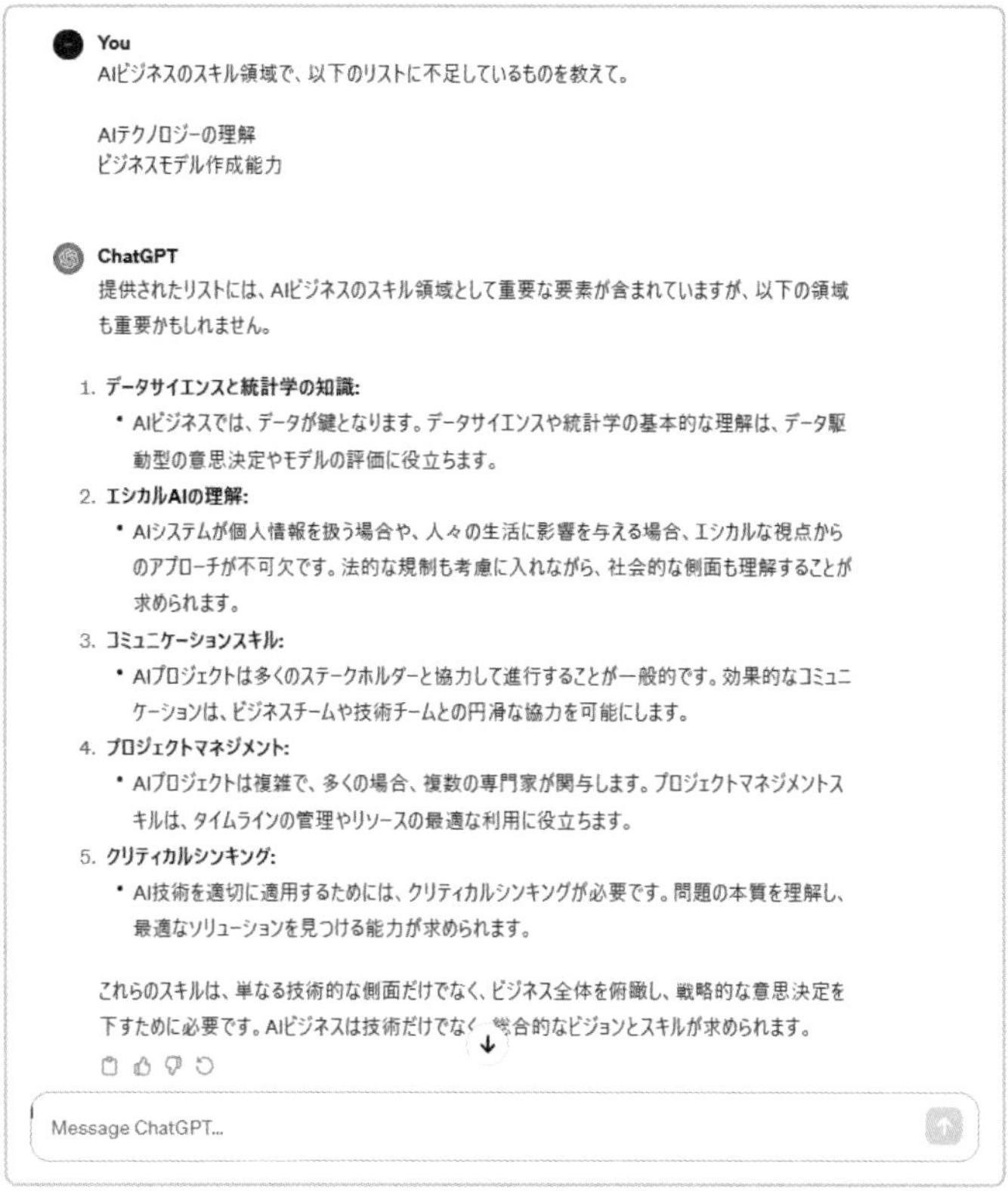
You
AIビジネスのスキル領域で、以下のリストに不足しているものを教えて。
AIテクノロジーの理解
ビジネスモデル作成能力
ChatGPT
提供されたリストには、AIビジネスのスキル領域として重要な要素が含まれていますが、以下の領域も重要かもしれません。
1. データサイエンスと統計学の知識:
・AIビジネスでは、データが鍵となります。データサイエンスや統計学の基本的な理解は、データ駆動型の意思決定やモデルの評価に役立ちます。
2. エシカルAIの理解:
・AIシステムが個人情報を扱う場合や、人々の生活に影響を与える場合、エシカルな視点からのアプローチが不可欠です。法的な規制も考慮に入れながら、社会的な側面も理解することが求められます。
3. コミュニケーションスキル:
・AIプロジェクトは多くのステークホルダーと協力して進行することが一般的です。効果的なコミュニケーションは、ビジネスチームや技術チームとの円滑な協力を可能にします。
4. プロジェクトマネジメント:
・AIプロジェクトは複雑で、多くの場合、複数の専門家が関与します。プロジェクトマネジメントスキルは、タイムラインの管理やリソースの最適な利用に役立ちます。
5. クリティカルシンキング:
・AI技術を適切に適用するためには、クリティカルシンキングが必要です。問題の本質を理解し、最適なソリューションを見つける能力が求められます。
これらのスキルは、単なる技術的な側面だけでなく、ビジネス全体を俯瞰し、戦略的な意思決定を下すために必要です。AIビジネスは技術だけでなく、総合的なビジョンとスキルが求められます。
Message ChatGPT...

自分が考えたものを読み込ませて検証する以外にも「AI ビジネスを学習する人向けの講座を作りたいので講座のアジェンダを考えて」「AI について学ぶための書籍を書きたいので、目次を考えて」など色々な観点で問いを立ててみましょう。

学び方マップで最適な学び方が選べる

こうしてある程度スキルマップの骨格が形を成してきたら、次はどのような学び方をするのかを検討します。

「概念の理解」におけるインプットは、以前は書籍や集合研修などが中心でしたが、現在は本当に選択肢が増えています。

また「具体の理解」は、いかに実践の機会を増やすかが重要ですが、どんな機会があって、そこからどう学びとるか目的意識を持って選ばなければ、有益な学びは得られません。

学び方の特徴を把握する

学び方によって、学べることやその効率は大きく変わります。自分にとって最適な学び

図表4-7

学び方マップ

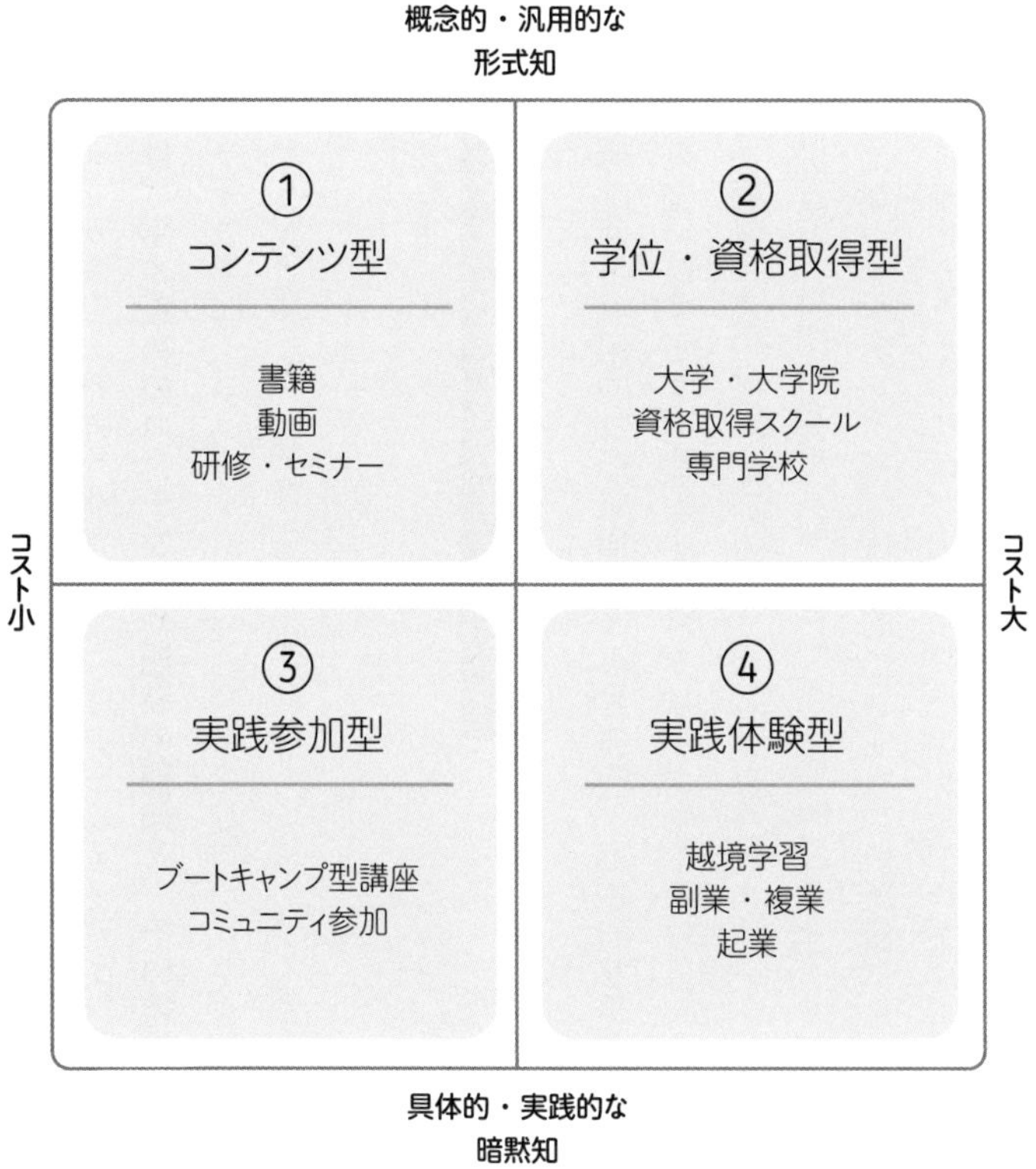
概念的・汎用的な
形式知
コスト小
コスト大
具体的・実践的な
暗黙知
①
コンテンツ型
書籍
動画
研修・セミナー
②
学位・資格取得型
大学・大学院
資格取得スクール
専門学校
③
実践参加型
ブートキャンプ型講座
コミュニティ参加
④
実践体験型
越境学習
副業・複業
起業

方を選ぶことはリスキリングの成功に大きく関わります。逆にいえば、最適な学び方を選べるかどうかのリテラシーが学びの格差を生み出すことにつながるのです。

学び方を選ぶためには、学ぶためのコンテンツや機会の種類と、その特徴を知る必要があります。これを把握するために、リスキリングのための学び方マップを紹介します。学び方マップは、「学ぶことの特性」と「学びに費やすコスト」によって大きく4つの象限に分かれます。

縦の軸はスキルの性質、横の軸はコスト

学ぶ事柄の特性は「概念的・汎用的な形式知」と「具体的・実践的な暗黙知」に分かれます。これがマップの縦軸になります。費やすコストは、お金やかける時間、労力の多寡によって分かれ、これが横軸になって、学び方は4つに分けられます。

縦軸の上にある、「概念的・汎用的な形式知」は、その領域のスキルや知識が体系化されており、書籍や動画などのコンテンツや、体系的に学ぶための研修になっています。それらをさらに大規模に体系化したものには、大学やスクールのプログラム、資格取得コースなどがあります。これらは時間やお金など学びに費やすコストもそれなりにかかります。

縦軸の下にある「具体的・実践的な暗黙知」は、まだ新しい領域で体系化されていないもの、あるいは実践からしか得ることができない難しいスキルや知識です。暗黙知は、いわゆる座学では学ぶことが難しいという特徴があります。実践や経験を積むことができるブートキャンプ型の学び方や、同じテーマに興味を持っている人達のコミュニティ活動などが有効な学び方です。

また、実際の仕事の場に飛び込む「越境学習」や副業・複業などの機会は、時間や労力など費やすコストは大きいですが、その分新しい仕事に向けたマインドセットの変革も含めて得られるものは大きいといえます。

4つの学び方の特徴を押さえて効果的にリスキリングする

4つのタイプ別に学び方の特徴を見てみましょう。

①コンテンツ型の学びはエントリーポイント

コンテンツ型の学び方は、書籍や動画、研修・セミナーなど、コンテンツ化されたものから学びます。時間やお金など、学びに費やすコスト面の敷居が4つの学び方の中では比較的低く、学びのエントリーポイントとして取り組みやすいでしょう。また、独学で学べるコンテンツもたくさんあります。具体的な学び方は次のChapterで説明しますが、ここではコンテンツの概要を示します。

書籍

書籍は2000円前後で入手できるので、「概念の理解」のインプットとして、コストパフォーマンスが非常によいでしょう。近年では紙の本だけでなく、Kindleなどの電子書籍や、Audible（オーディブル）といった書籍を読み上げたものを聴くオーディオブックなど、書籍を読むためのツールも多様化しているので、生活の中で取り入れやすいものを選ぶことができます。

研修・セミナー

大手研修会社が提供する研修は、1日の研修で5万～10万円の受講料が相場です。価格の幅はありますが、リスキリングのためとなると、ある程度のクオリティの研修を受けることになるでしょう。また、私が研修を提供している研修・セミナー会社は、ほとんどがオンラインにも対応しています。リアルタイムでZoomなどで受講できるものから、好きな時に見られるアーカイブ視聴などのラインナップも豊富で、場所や時間の制約を超えて学びの機会は広がっています。

1～2時間程度のセミナーや講演も、以前は会場に足を運ばなければ参加できませんでしたが、最近ではお昼休みの時間帯や夕方などにオンラインで実施するものも多数あります。最新動向や事例など概要を把握するにはとても利便性が高いです。

オンライン講座プラットフォーム

オンラインに特化して動画講座を提供しているものもあります。例えば、Udemyは、アメリカを本拠にするオンライン講座プラットフォームです。デザインやマーケティング、プログラミング、写真、音楽など21万以上の講座があります。

Schooは書籍を出版している著名な講師によるリアルタイム講座を提供しています。参加者がコメントを書き込むなど、コミュニティが形成されているという特徴があります。

またストアカはC2C（Consumer to Consumer）で教えたい人と学びたい人を結びつけるプラットフォームです。他と比較すると、学ぶテーマも柔らかめで、価格帯も安めのものが多いでしょう。

このようにプラットフォームによって学べるコンテンツの特性があります。録画した動画による講座ならいつでも、好きなタイミングで学習を進められます。

YouTube

近年はYouTubeでも、学びのための多種多様な動画が視聴できます。お金をかけずに学べるとても分かりやすいコンテンツが増えてきましたが、先程とりあげた、講座に特化したプラットフォームと比較すると玉石混交といえます。

AIなど**旬のテーマなどは、体系的な研修が作られる間もなく新しいことがでてきますので、配信までのスピードが速いYouTubeなどの動画コンテンツ向き**です。

名著や名作など教養として知っておきたいことなども分かりやすく解説しているチャンネルや、Excelなどの具体的なテクニックを紹介しているチャンネルなど短い時間で学ぶことができるものがたくさんあるので、学び方の1つの手段として考えてみるとよいでしょう。

②学位・資格取得型は体系的な学び直し

社会人向けの大学や大学院などは、単発で授業を受講するのではなく体系的なカリキュラムを履修します。**新しいことを学ぶというよりはこれまで仕事を通じて得たものを体系的に整理したり、さらに専門的に深掘りする意味合いが強いでしょう。**ですので、新しい仕事に向けたリスキリングというよりは、リカレント（学び直し）の手段となることが多くなります。

私の周囲でも大学院などに通っている人は多数いますが、自分の仕事から得た見識や知識・経験を活かして研究しているようです。また、日本では普及していない研究領域の手法を学ぶのも今後に向けてのアドバンテージになるでしょう。

資格スクールも数多くありますが、注意すべき点はその資格を取得したあと、どうやって稼げるようになるのかが明確に描けるかどうかです。「この資格さえとれば高収入」などと謳っているものには注意が必要です。資格ビジネスは一大産業になっている分、自身の貴重な有形・無形資産を費やしてもよいかどうか、本当にリスキリングに必要なのかどうかを見極めるべきでしょう。

③参加型は実践して学ぶ

ここからは学びのステップの2つ目である「具体の理解」に近づいてくる学び方です。**たくさんの実践の機会を作り、よりリアルな情報に触れることがこの学びで目指すところです**。実践とはいえ、実際のビジネスの場ではなく、実践型の学びができるブートキャンプ形式の講座や、その領域に興味がある人が集まっているコミュニティなどに参加します。

ブートキャンプ型研修

ブートキャンプは、集中的な訓練プログラムを指す言葉です。元々は軍隊での新兵訓練を指す言葉でしたが、現在では研修やスポーツなど様々な分野で使用されています。

ビジネスでは情報技術やプログラミング分野でのブートキャンプが広く知られています。短期間（数週間〜数ヶ月）の集中的なプログラムで、プログラミングやソフトウェア開発のスキルを効率的に身につけることを目的としたものが多くあります。他にも、リーダーシップ、スタートアップ（起業）、ファイナンス、プロジェクトマネジメントなど様々なテーマで開催されています。

座学よりもワークに重点を置いたカリキュラムが組まれており、インストラクターや専門家の指導を受けながら、**実践的な経験を積む**ことができます。大学・大学院などと比較すると短期間でスキルを獲得することができるため、キャリアチェンジやリスキリングを考えている人にとってはよい選択肢といえるでしょう。

ブートキャンプは、参加者に負荷をかけるため、高い集中力と学習意欲が求められます。やり切るために有形・無形資産をどう活用して環境を整えるのかをしっかりと意識する必要があります。

コミュニティ活動への参加

SNSなどの普及で、コミュニティも時間や場所の制約を超えて作りやすくなりました。新しい領域をテーマとしたコミュニティも非常に速いタイミングで形成されています。情報を交換する程度のものから、お互いに教え合うようなもの、リーダー的存在がいるもの、何か目的を持って活動しているコミュニティなど多様です。

私もコミュニティの勉強会に呼ばれたり、講演の依頼を受けて話すこともよくあるのですが、参加者の方の学びの意欲も高く、一人で学ぶよりも学びの取れ高は多いように思えます。**コミュニティは参加するのもいいですが、もしなければ自分が主体となって作るのも1つの手です。**時間は取られますが、自分がその領域の第一人者になる可能性も高まります。

④体験型は実践で学ぶ

ここは実際の仕事を通じた「実践」の中での学びです。③の学び方における「実践」は、知識だけで終わらせずに、実際にやってみることを意味していますが、この**④の学び方の「実践」は演習・練習ではない実際の仕事を意味しています。**

この学び方の代表として越境学習があります。これは、ビジネスパーソンが所属する組織の枠を越え（〝越境〟して）学ぶことであり、「知の探索」によるイノベーションや、自己の価値観や思いを再確認する内省の効果が期待されています（経済産業省「越境学習によるVUCA時代の企業人材育成」より）。

自分一人ではハードルが高いと思われるかもしれませんが、越境学習のエージェントサービスなどを上手く使えれば、非常に有益なリスキリング体験になるでしょう。

また、昨今では副業・複業を認める企業も増えてきており、副業・複業したい人と企業をマッチングするプラットフォームもあります。こういった経験を通じて新たなスキルを習得することも可能なのです。**スキルをつけてから仕事を変えるのではなく、新しい仕事をしながらリスキリングをしていくことも1つの選択肢として考えてみましょう。**

越境や副業・複業は、スキルセットの変革はもちろんですが、マインドセットの変革にも大きく作用します。詳しくはChapter7と8で説明しますが、「越境学習者は二度死ぬ」という言葉があります。これは今までの自分の考え方が大きく揺さぶられ、新しい仕事や環境に向けたマインドセットに変化していくということを意味しています。

④の実践での学びは、ハードランディングではありますが、得られるものも大きく、座学に比べて学びのスピード感や得られるやりがいも大きいです。すぐに、とはいいませんが、チャレンジを検討してみましょう。

学び方を洗い出す

4つのタイプの学び方について紹介しました。次はどんな学び方があるかを調べて、この4象限に書き出していきます。**どれをやるかはすぐに決めずに、まずは可能性のあるものを洗い出しましょう。**

よくありがちなのは、たまたま最初に目についた本やセミナーなどに飛びついて時間を無駄にしてしまうことです。そうならないためにも、そもそもどんな選択肢があるのかを明らかにしましょう。

①のコンテンツ型は時間が許す限り、採用してもよいでしょう。書籍などは色々な本を読むことで様々な見解に触れることができるため、1冊を厳選するよりも、視点の違うものの多読することをおすすめします。②以降になると費やす期間や金額も大きくなりますので、まずはしっかりと洗い出すことが大切です。

また、**分かる範囲でそれぞれの学び方にどれくらいの時間や金額がかかるのかもメモしておく**と、次のリスキリングロードマップを作成しやすくなります。自分だけではなく、周囲の人や詳しい人、既にリスキリングを達成している人に聞いてみてもよいでしょう。

ロードマップで目標達成までの道筋を示す

達成基準とアウトプットの機会を盛り込む

スキルマップと学び方マップが出来上がったら、次は締め切り、つまりリスキリングを達成したい期限に合わせて、計画を立てます。その計画表がリスキリングロードマップです。

「何を（スキルマップ）どうやって（学び方マップ）いつまでに学ぶのか（リスキリングロードマップ）」がこれで完成するわけです。

皆さんはこれまで何度も、何かを学習する時に計画表を作成した経験があるかと思います。その際、スケジューリングする大半の行動は、知識をインプットするためのものだったのではないでしょうか。特に学生時代の学びはテストまでのインプット計画であることがほとんどでしょう。

リスキリングロードマップの特徴は2つあります。

1つ目の特徴は、いつまでにどういう状態になっていたいのか「達成基準」を明確にすることです。

2つ目の特徴は、インプットだけではなく、「アウトプット」のイベントも意図的に均等に割り振っていくということです。

達成基準は行動ではなく、状態で定義する

まず1つ目の達成基準は、「この時期にはこういう状態になっている」という状態を定義します。例えば、以下のようなものです。

○最初のキックオフミーティングまでに業界・業務知識は習得済みで議論に参加できる状態
○新しい仕事に就いて1週間後には、担当領域については詳細な指示をされなくても単独で業務を遂行できている状態

○1年後にはチームリーダーとしてメンバー育成ができている状態
○プロジェクトの最終報告会で、主要メンバーとして成果報告ができている状態

このように、**いつまでにという「期日」と、できているかどうかが判断できる「状態」を設定するのがポイント**です。これを「○○を習得する」という行動で目標設定してしまうと、どういう状態を目指して何ができていればよいのかが不明確なため、勉強のための勉強になってしまいます。つまり手段が目的化してしまうのです。

いくら学んでもなかなか成果につながらないときは、学び自体を目的化してしまっています。学びと仕事と成果が結びついていないのです。

私が指導した人で本当に朝早くから、夜も寝る間を惜しんで、一生懸命勉強している人がいました。しかし、仕事の成果にそれがなかなか表れないようなのです。話を聞いてみると「○○についても××についてもちゃんと理解しています」と言うのですが、「じゃあ、この調査はどうするの?」と聞いてみると、答えられません。それらの知識をどう活用するかがあまり考えられていないので、とてももったいない状況なのです。

学びの対象は本当にたくさんあります。達成状態を意識しないと、やってもやっても終わらず成果につながらなくなり、そのうち「やっても無駄」「学んでも意味がない」とい

う諦めにつながってしまいます。

アウトプットイベントは均等に割り振る

2つ目の特徴である、アウトプットイベントを意図的に均等に入れるというのは、例えば以下のようなものです。

○ラーニングSNSに毎日1投稿する
○月に一度○○のテーマで勉強会を開いてプレゼンする
○週に一度○○さんにリスキリング進捗を報告し、フィードバックをもらう

このように、習得したスキルや知識を使って行動する予定も組み入れます。アウトプットについては、ついつい面倒がって腰が重くなりがちです。それに、自分一人の問題ではなく他人を巻き込まなければならないことが多いので、余計に億劫に感じてしまうものです。

だからこそ、**学習ロードマップを作る段階で、アウトプットをスケジュールとして組み**

込んでしまう必要があるのです。そうすれば、重い腰を上げるための弾みになるし、早めに周囲への働きかけをすることもできます。

また、これらのアウトプットイベントは均等に入れることが効果的です。例えば、「まだまだそんなレベルじゃないから……」と、最初の方は何も入れずに、後半に入れておくと前半の進捗はとても遅くなります。するとリスキリング計画そのものが失敗に終わる可能性が高くなってしまうのです。

均等に入っていれば、「ああ、そうだこのアウトプットを出さなくては！」と学び方も能動的、かつ目的達成志向になりやすいです。毎日やること、週次・月次でやること、など決めておきましょう。

ロードマップを使って最短のキャッチアップを目指す

コンサルタントは、まったくのゼロスタートから、その業務や領域について最低限の知識を仕入れ、専門家とまではいかないまでも、一通りの話ができるような状態に自分をもっていくことを「キャッチアップ」と呼んでいます。自分が不慣れな領域で、先に進んでいる人達に追いつくという意味です。

コンサルティング業界では基本的に、このキャッチアップを1週間程度でクリアするように訓練されます。短いプロジェクトでは「3日でにわか専門家」になることを求められることもあります。これができないとプロジェクトに入ることができません。

ビジネスパーソンのリスキリングにはそこまでは求められないかもしれませんが、**できるだけキャッチアップ期間を短くしたほうが、稼げるまでの時間も早くなります**。いかにスピーディにインプットの期間を短縮していくかが大きな鍵となるのです。

また昨今のＩＴ領域の進化のスピードが速いのは、皆さんも実感するところでしょう。あまり時間をかけすぎては、せっかく身につけたスキルが陳腐化したり、価値が低くなってしまいます。最速のインプットでキャッチアップすることを目指しましょう。

キャッチアップを成功させるにはポイントが2つあります。

Day1を決める

「とりあえず……」と達成状態を決めずに進めるのは絶対におすすめしません。例えば「キックオフミーティングまで」「○○さんとの打合せまでに」など新しい仕事のスタートの日を決めるのです。

新会社がスタートする日や新サービスリリースの日をDay1（デイワン）といいますが、自分がこの日からプロとしてスタートする日をDay1として定めます。その**Day1を目指して、まずはどのレベルに到達しているべきかを決めます**。

Day1の日に「自分は新しい領域にまだ慣れてないから知らなくても当然」と言わんばかりに、自己紹介や挨拶で「まだ自分は勉強不足なので……」などとコメントするようでは信頼は得られません。

自己紹介する時点で、何らかの見識や仮説などを述べられるようにキャッチアップすることで、確実に周囲の見る目が変わります。そして、そのあとの会議や仕事の内容の理解も格段に変わります。

スパイラルに学ぶ

そのために有効なのが、「スパイラル学習」です。あるテーマに対して一点ずつ突破しながら学習するのではなく、**優先順位をつけたうえで全体をなぞりながら、着実に学習を進めていく、という学び方**です。特に目の前の仕事に直結する学習に対しては、必ずこのスパイラル学習を心がける必要があります。

例えば、もともとはマーケティング部門で働いていたあなたが、DX推進部門やDXプロジェクトにアサインされたとしましょう。テクノロジーはあまり詳しくないので、これから学ばなければなりません。

ここでまずやるべきことは、テクノロジーやDXと呼ばれる領域の全体像を把握することです。「DXといえば、AIの活用だな。とりあえずAIセミナーに申し込もう」などと、短絡的に考えることは避けるべきなのです。

仮に1週間後に打合せがある場合、AIについての詳細な知識がないことは許されても、DXを実現するためのテクノロジーにはどんなものがあるのか、どんな事例があるのかなどを知らなければ、議論に参加することはできないでしょう。もし、DXの概要すら把握していない状態で打合せに参加すれば、「1週間、何も準備しないで来たの？」と思われてしまっても仕方がありません。

打合せがあるその日までに「詳細は知らなくても、その領域の全体像を大雑把にでも理解しておき、何かしら見解か仮説を述べられて議論に参加できる」レベルにしておく必要があります。**期日があり、そのタイミングでバリューを出す必要があるビジネスパーソンにとって、全体を把握し、スパイラルに深めながら学習するのは鉄則です。**

最速のインプットでキャッチアップできる

「プロジェクトが始まってから勉強しよう」「今の仕事が忙しいし、配属されてから色々教えてもらえばいいよね」と考える人もいるかもしれませんが、自分にとって不慣れな領域こそ、Day1を迎える前にある程度のレベルになっている必要があります。そうでなけ

図表4-8

リスキリングロードマップ

	202X年 4～6月	202X年 7～9月	202X年 10～12月	202X年 1～3月
達成状態	配属までに業務知識概要を理解し、会議での議論で見解を述べられる Day1 (5/1)	詳細な指導を受けずに単独で業務遂行 企画会議 (9月)	企画案を複数提出して採用されている状態 重要な場面でのプレゼンを任される	詳細な指導を受けずに単独で業務遂行 成果報告会 (3月)
インプット	• 関連書籍10冊 • 動画視聴	ブートキャンプ参加 (5-6月)	業界コミュニティ参加	海外事例収集
アウトプット	• ラーニングSNS投稿（毎日） • リスキリングレポート（週次で上司へ） • 部内勉強会（月1回程度）		事例共有会で発表 社外コミュニティでプレゼン実施	企画のポイントをマニュアル化して伝授

れば、仕事を理解することさえおぼつかず、実践レベルまでの道のりがさらに険しいものになってしまいます。

図表4-8のリスキリングロードマップは、縦軸が「リスキリング達成状態」と「インプット活動」と「アウトプット活動」で、横軸は時間軸です。時間軸はリスキリングに費やすことのできる期間によって変わりますが、3～4段階くらいに分けて、達成状態を設定するとよいでしょう。

達成状態の欄には、Day1や区切りとなるイベントなども入れ、例えば「9月の企画会議までに〇〇ができるようになっている」など達成状態にスケジュールを入れます。こうして中長期で考えると、よりどんなスキルを身につけるべきなのかが明確になります。少し先を見据えて計画したほうが、今の学びの意味が見えてくるからです。

ここまでくれば、ひとまず完成。**いたずらに時間をかけずに1～2日で、これら3つの攻略マップ作業をクリアすることを目指してください。**実際にインプットをはじめる「概念の理解」の作業に入るのは、早ければ早いほどいいのです。

Chapter5

スキルセット変革編

「概念の理解」と「具体の理解」

Chapter5は、スキルセット変革における最初の2つのステップ、「概念の理解」「具体の理解」について、具体的なやり方をお伝えする実践編です。

「概念の理解」では主に、書籍や研修、インターネットからどのように学び、自分の血肉としていくかについて、コツやツールを紹介していきます。リスキリングにおいては新しい知識や情報を大量にインプットする必要があるので、闇雲にやるのではなく、効率を考える必要があります。

「具体の理解」では、実際にやってみて学んだり、人から学ぶ方法についてご紹介します。実力をつけるためには、本の知識だけでなく、実践や、現場の知見が不可欠です。

また、学んだことを記録する「ラーニング・ジャーナル」の作り方についても解説します。せっかく理解したことも、放っておくとすぐに忘れてしまいます。そうならないように、しっかりと自分の血肉にする方法を学びましょう。

図表4-1

スキルセット変革の進め方（再掲）

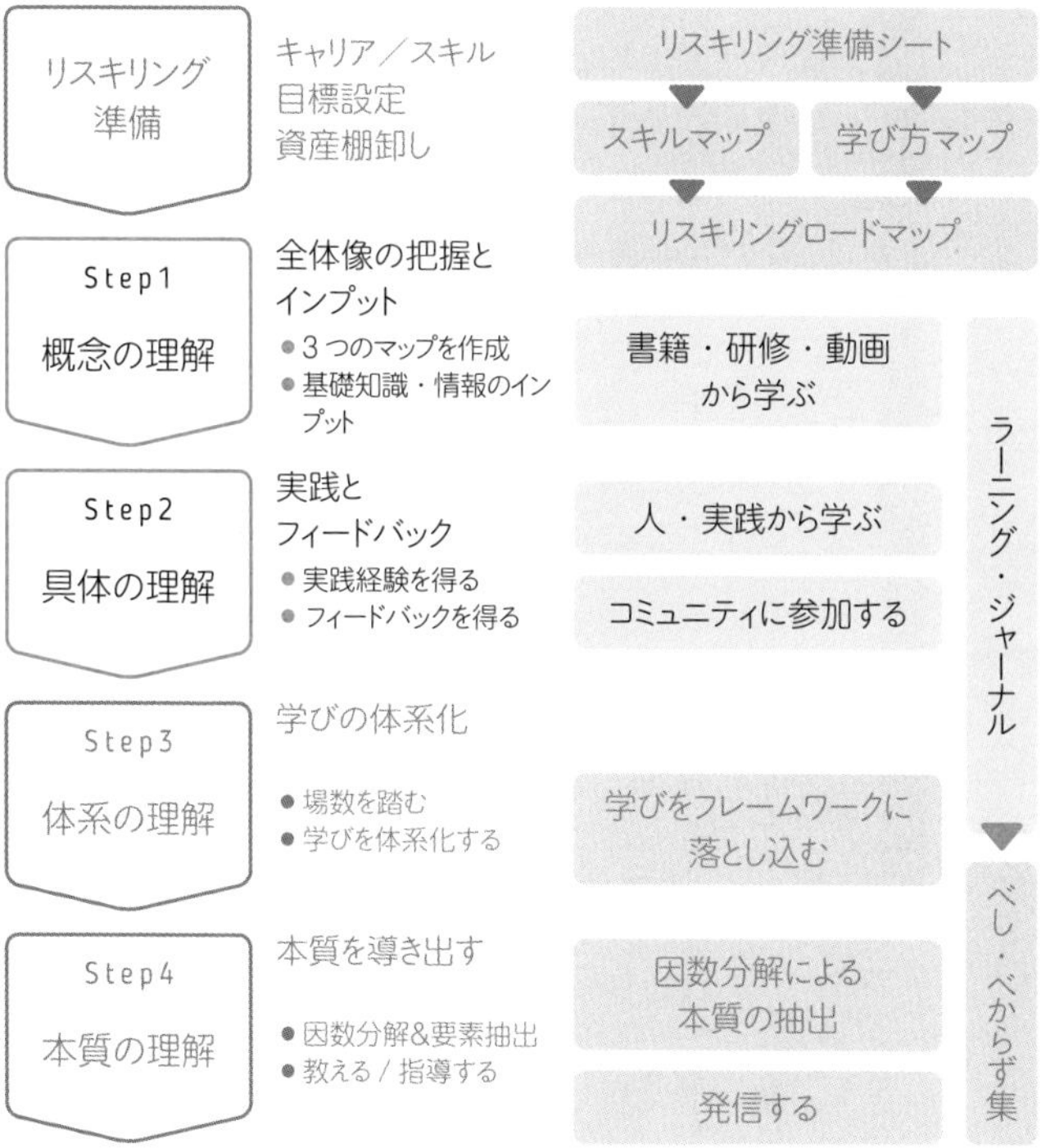

「概念の理解」と「具体の理解」で目指すこと

学びのステップの前半である、「概念の理解」と「具体の理解」で**目指すことは、最速のキャッチアップ**です。抽象化された概念を理解し、実践によって具体的な理解を体得していく段階です。この段階では膨大なインプットや、まだ慣れていない手探りの実践でのつまずきなどがあり、心が折れがちです。

そこで、この2つのステップを乗り切るための考え方を2つ紹介します。それは、「好きこそものの上手なれ」と「下手こそものの上手なれ」という2つの心構えです。

学びを楽しむ──好きこそものの上手なれ

「好きこそものの上手なれ」とは、楽しんでやることによって上手くなるものであるということ、または、あることに熟達するには、それを楽しめるようになることが肝要であるという諺です。単に「楽しみましょう！」と気合いを入れる意味で言っているわけではありません。ここでは、**好きか嫌いか、楽しいか楽しくないかは学んだことの定着に影響する**ということを理解していただきたいと思います。

脳には「扁桃体《へんとうたい》」という部位があります。扁桃体は「好き・嫌い」や「快・不快」を判断する働きをしており、これは海馬の隣にあります。そして、扁桃体が活性化することにより海馬も一緒に活性化します。海馬は短期記憶を保存し、そのあとに大脳新皮質へ送って長期記憶とするかを判断する場所です。

そのため感情を伴った出来事は、長期にわたって記憶に留められやすくなります。興味や熱意を持って自発的に取り組むことで扁桃体が活性化し、同時に海馬も活性化するため記憶が定着しやすくなるのです。つまり、**自分がまずその領域を好きだと思うことが学びの定着へのスタート**になります。

私はグローバル企業での人材育成部門のリーダーとして、研修開発方法論や講師向けのプログラムなどを学びました。その中でも「好きなことや楽しい環境で学んだことは記憶が定着しやすい」ということは、よく言われていることでした。受講者が楽しいと思う研修になるような工夫やテクニックを多く学び、自分の研修で実践していました。

例えば、得点を加算していくゲーム方式で学んだことの振り返りをしたり、スキットと呼ばれる寸劇をグループで実演するなどエンターテイメント要素を入れたりするのです。「あの研修はすごく楽しかったから学んだことを今でも覚えていて実践できている」と言われることもよくあります。

その領域を好きになること、なかなか好きだと思えない場合には楽しくなるような学び方をすることが速いキャッチアップには不可欠です。

できない自分を楽しむ――下手こそものの上手なれ

一見すると「好きこそものの上手なれ」と反対の意味だと思えそうな言葉ですが、「下手こそものの上手なれ」も学びの加速をさせる心得として覚えておいてください。私が見てきた学びが成功しない人には、「プライドが高いため自分ができないことを受け入れられない」という特徴があります。

誰でも、初めからすぐに理解したり、上手く実践することはできないのですが、必要以上に知らないことやできないことに劣等感を持ってしまうのです。するとプライドを保つために、今の自分が持っているスキルや知識にこだわったり、「新しい領域は自分には向いていない、学んだって役に立つはずがない」と偏見を持ってしまうのです。

新しい領域について学ぶ際には、こだわりや偏見をなくす必要があります。こだわりや偏見は、新しい情報や視点の受け入れを限定的にしてしまうからです。**新しい情報や視点にオープンになることで、新しいことを学ぶ力が高まります。**

そんな時に思い出してもらいたいのが、「下手こそものの上手なれ」という言葉です。新しいことを始めた時には、誰でも初めてなので下手であることは当然、という事実を認識し、何かを始める時に感じる挫折感を和らげる意味があります。自分が分からない状態や、できない状態に対して恐怖や不安を感じてしまうと、扁桃体が「嫌い」「不快」と判断し、学びも深まりません。なので、**初めから上手くできなくても普通**だと考えましょう。

また、この言葉には「見栄をはって下手であることを隠さないようにしましょう」という意味も込めています。特に、自分より年下の人に対しては、見栄をはる人が多いといえます。見栄をはるということは、分かったふりやできるふりをして、自分の問題点を棚上げし直視しないようにすることにつながります。見栄をはらずに「これ分からないんだけど教えてくれる?」「どうやって勉強してるの?」と聞ける人と、見栄をはって聞けない人とでは、学びのスピードや加速、学びながら受けるストレスがまったく違います。いちいちできないことを気に病んだり、落ち込んでいては時間がもったいないと考えましょう。

学びの取れ高を意識する

「概念の理解」では大量のインプットが必要になります。ここで目指したいのは学びにおける「取れ高」です。

テレビ番組などでよく「撮れ高が良い」というような言い方をするのを聞いたことがある方もいるでしょう。「撮れ高」とは、撮影した映像や写真で、目的のクオリティに達したものや、そのクオリティの映像・写真が、どれだけ撮れたかという割合のことです。「撮れ高が良い」とはつまり、「実際に使うことができる良いものがたくさん撮影できた」ということを指します。

撮影において、撮れ高を増やすには、何を表現したいのかが明確になっている必要があります。「このストーリーにはこういう映像がほしい」という目指す状態があって、その画像を撮るために、念入りに準備をしていきます。何となく撮るのではなく、どう使うのかを意識して撮影します。

学びの取れ高＝学びの活用力

これを学びにも適用して考えてほしいのです。何となくインプットするのではなく、「この知識、情報、スキルをどう使うのか」を意識して学ぶ。もしくは「こういうことをできるようになりたいから、これを学ぶ」と、そのスキルの獲得目的を意識して学ぶ。こうすることによって、学んだことで活かせることが増える、つまり学びの取れ高が上がるのです。

私は研修講師として年間に１００日以上登壇していますが、同じ研修を受けていても、学びの取れ高は人によって異なります。その研修で学んだことを自分のものにしてすぐに仕事で活用して成果をあげる人もいれば、まったくそのスキルを発揮できない人もいます。さらに、学びの取れ高が高い人の中には、その研修で学んだことを、元々自分が持っている他のスキルや知識・経験と結びつけて、他の人より頭ひとつ抜け出す人もいます。どうしてこういった差がでてくるのかを説明しましょう。

学びの取れ高が高い人VS低い人

学びの取れ高が高い人・低い人の特徴を3つの観点でまとめたのが次の図表5-1です。

到達レベルの設定

まず1つ目の観点は、到達レベルの設定です。**学びの取れ高が高い人は、仕事に求められるスキルレベルを理解していて、どこまで学ぶべきかを明確に把握しています。**仕事では高度なことが求められることも理解しているため、その達成レベルの設定も自ずと高めです。

取れ高が低い人はそれが把握できていないため、「自分にできそうなこと」を到達レベルにしがちです。そのため、「これだけやればOK」というような安易なやり方を好む傾

図表5-1

学びの取れ高が高い人・低い人の特徴

取れ高の高い人		取れ高の低い人
☑自分に必要なスキルレベルを理解している ☑そのレベルに到達しようとする	到達レベルの設定	☑求められるスキルレベルが把握できていない ☑すぐにできる安易なことしか受け付けない
☑得たスキルや情報をどう活用するか見出せる ☑実践により概念から具体の理解へと進める	抽象↓具体	☑抽象化された情報の意味が理解できない ☑分かった気になるが実際にやるとできない
☑実践から得た学びを言語化できる ☑複数のスキルを統合して新たな価値を出せる	具体↓抽象	☑実践から得た学びに気がつかない ☑一回失敗すると他のやり方にすぐ飛びつく

向があります。

私も本を執筆する際に、「『これだけやれば大丈夫！』と簡単なやり方で言い切ってください」と一部の編集者から言われることがあります。しかし、現実ではその限定したやり方やレベル感で通用するシーンはほとんどありません。**本当に「これだけやればOK！」なスキルややり方なら、人がやる必要はなく機械やITで十分できてしまう**でしょう。

具体と抽象の往復

2つ目の観点は、**抽象化された情報から、何をすればいいのかを具体化できるか**どうかです。様々な学びのコンテンツは、スキルや知識・ノウハウを言語化しているものがほとんどです。**言語化とは、説明や伝達ができるよう情報を抽象化すること**です。

2018年に『AI vs. 教科書が読めない子どもたち』（新井紀子 著・東洋経済新報社）という書籍がベストセラーになりましたが、読解力の問題は子供に限った話ではありません。ビジネスの場でも読解力、理解力が低ければ、新たなスキルを身につけることはおろか、今の仕事もAIに奪われかねません。

抽象化された情報から、具体的に何をどうやるのかを理解できない人は少なからずいます。「分かりました！」と言って分かった気になっている人が、いざ実践しようとしてもできない、ということがままあるのです。この「抽象→具体」を迅速にできないと、理解に時間がかかりすぎてしまって、学びの取れ高が低くなってしまいます。

3つ目の観点は、2つ目の逆で、**実践から得られた具体的な気づきを言語化＝抽象化できるか**どうかです。何かを学んだり、身につけるには、具体と抽象との行き来が不可欠です。具体と抽象を行ったり来たりしながら、学びを身につけるやり方をあげてみましょう。

具体と抽象の行き来で学びの取れ高を上げている例

抽象を知る　まず書籍や研修で何かを学ぶ
↓
具体を知る　やってみて気づきを得る
↓
抽象化する　得られた気づきを言語化して再現性を高める
↓
具体例を増やす　異なる状況でやってみて、共通点や違いを理解する

抽象化する　←　パターンを整理し体系化して、さらに再現性を高める

逆に具体と抽象の行き来ができないとどうなるかも例をあげましょう。

具体と抽象の行き来ができず学びの取れ高が低い例

抽象を理解できない　←　書籍や研修で何となくわかった気になる

具体化できない　←　実践してみるが上手くいかない

気づきを抽象化しない　←　失敗から何を学んだかを言語化しない

画一的な具体を求める　←　もう難しいのは嫌なので「これだけやればＯＫ！」を求める

新たな具体を求める　←　また失敗してさらに具体的なやり方を求める（もしくは諦める）

学びの言語化が鍵

このように具体と抽象の行き来をして、経験と概念を結びつけられないと、学びの取れ高は低いままになります。「概念の理解」と「具体の理解」は、まさにこの具体と抽象の行き来をしながら、学びの取れ高を大きくする方法を学んでいきます。

ここでの大きなポイントは「言語化」です。意識して言語化しなければ、自分がどこまで理解できているのかが明確になりません。また一度理解できたと思っていたことも時間が経つにつれて、「あれ、おかしいな？　できてたはずなのに……」と、だんだんできなくなったり、記憶が薄れたりしてしまいます。

具体と抽象を行き来するためには「言語化」が必要だと理解していただけたと思います。その**「言語化」をしっかりとやるためのツールがラーニング・ジャーナル**、いわば学びの記録です。このラーニング・ジャーナルは「概念の理解」と「具体の理解」の伴走役でもあります。詳しくは、「具体の理解」の項でどんなふうに活用するかを説明します。

［概念の理解］効果・効率を意識した大量のインプット

大量の情報から知識の土台を作る

このステップでは、その分野全体の概念や基礎知識、専門用語がわかるレベルを目指します。具体的には、**とにかく情報を収集し、インプットする**ことになります。受験勉強や一夜漬けの詰め込み勉強と通じるものがあるでしょう。

ここでは、書籍やインターネットなどで得られる情報の取り入れ方や、研修・セミナー、人からどうやって学ぶかを説明します。まず、知識の土台を作るためには、書籍やネットの情報をインプットします。ここで知識の土台を作っておかないと、研修やセミナー、スクールなどの学びコンテンツや、人から教えてもらうことが良質なインプットにならないからです。

研修やセミナーで基礎から教えてもらうのも1つのやり方ですが、ある程度の知識の土台もなく受講することは、あまりおすすめできません。研修やセミナーは、限られた時間の中でエッセンスだけを教えることが多いからです。

最近は基礎知識をじっくりと教える研修などはどんどん減ってきて、むしろ実践編・応用編が増えてきています。そういったレベル設定の研修では知識の土台がないまま受講したら、学びの取れ高はとても低いものになってしまいます。

人からの学びの場合も同様で、「あれもこれも知らない、でも教えてください」では、良質なインプットは得られません。そして、その前に相手の方の時間を無駄に使ってしまうことにもなりかねません。人からの学びの項で説明しますが、質問力がないと、人からの学びの取れ高はとても低いものになります。質問を考えるのにも、やはり知識の土台が必要なのです。

「概念の理解」のステップのゴールは、その領域の言葉や概念を理解し、会議や仕事の現場で、「何を言っているのかわからない」という状態を脱して、自分の意見や見解を述べられるようなレベルに到達することです。

ちなみに、**ここは4つのステップの中で最も初歩の段階ながら、一番つらいプロセスでもあります**。物理や力学の世界でも、物体を動かす時は最初に一番大変なエネルギーを求められます。同様に、学びでも最初に一番労力と時間がかかるものなのです。

膨大な情報に翻弄されない

また、このステップで注意すべきことは、情報に翻弄されないということです。膨大なインプットが求められるからこそ、**最初にしっかりと全体を把握し、計画的にインプットをしていかないと、その情報量に圧倒され、すぐに挫折してしまいます。**

そうならないために必要なのがスキルマップと学び方マップです。これがないと現在地を見失ってしまいます。また、リスキリングロードマップを作っておくことで、いつまでに何をインプットするのかをしっかりと認識したうえで進めることができます。

では、次の項からは、書籍やインターネットの情報、研修・セミナー、人など概念を理解するための様々なコンテンツからの学び方とそのポイントを紹介します。

書籍・インターネットの情報からの学びの基本は「多読」

多読で知識の土台を作る

書籍やインターネットは、情報を入手するためのコストもあまりかからず、基礎知識の土台を作るうえでとても重要なコンテンツです。これらのコンテンツからのインプットの基本は「多読」です。ビジネスの場合、「ここだけ読めばOK」という領域はほとんどありません。厳選した書籍をみっちり読み込むのではなく、多少内容が重複していても気にせずに数十冊を読みこなす「多読」こそ、学びには重要なのです。

まず大前提として、**基礎知識のインプットは「質の前に量」**だということです。質を高めるためには量が必要です。書籍の場合、リスキリングという観点では、1つのテーマに対して10～20冊を1つの目安にするのが妥当なラインでしょう。

それを目安に、「まったく未知の領域は30冊ぐらい」とか、「ある程度、周辺業務や周辺業界についての知識がある領域は10冊ほど」といった具合に、自分の知識に応じて適宜調整してください。

4つの見解を理解する

なぜ多読が必要なのかというと、多読することによって、優れた情報と、そうでない情報、つまり**「良質見解」と「悪質見解」を見分ける目利きができるようになる**からです。そして、「共通見解」と「相違見解」を知るためにも、多読は必要です。

共通見解とは、誰もが同じ指摘をしている事柄です。例えばＡＩをテーマにする本のすべてに、「AI活用の第一領域は自動化と効率化」と書かれていれば、それが共通見解です。

他方、ある本には「今後教育の領域にも加速的に活用が広がる」、ある本には「教育への適用は規制をかけるべき」など、本によって主張が異なるものがあるでしょう。それが、後者の相違見解です。このように多読をすることで、良質な情報だけを見抜き、また**情報を多角的に仕入れることによってインプットの偏りを防ぐことができます。**

リスキリングが上手くいかない時や、仕事で成果が出せない時の特徴として、具体と抽象の行き来ができていないことに加えて、限定されたものの見方しかできていないということがあります。こうなってしまうのは、知識の土台がないからです。知識の土台がないと目の前にある情報がよいのかどうかを判断する軸がないために、鵜呑みにしてしまうのです。

情報を鵜呑みにすることは、仕事に限らずとても危険です。**良質と悪質、共通と相違が頭に入っていれば、目の前の情報の判断がしやすく、選ぶ情報やモノの質があがります。**間違ったやり方に気がつかなかったり、何かに騙されたりということも防げます。

仕事をする中で、「なぜこれを選んだのか？」と確認すると、「ここに書いてあったからです」とたまたま得た情報をそのまま使う人がいます。しかし、それが本当によいかどうかは比較しない限りわかりません。以下のようにそれを選んだ理由が必要です。

「A、B、Cと3つ比較したのですが、○○という観点でAを選びました」

「2つのやり方がありますが、今回の場合だと適切なのはこちらです。ただしこういうリスクがあります」

ビジネスには、絶対的な正解がありません。「これさえ読めば大丈夫」という教科書もありません。情報を取捨選択する判断軸を持つためにも、まずは多読で知識の土台を作りましょう。

カテゴリーごとまとめて入手する

書籍を購入する際、私は数十冊を「まとめ買い」します。必要な本が何かを何度も調べたり、書店に行く時間はとれませんし、「パラレル読み」(複数の本を並行して読む)をするために、まとまった量の本を初めに用意します。**一通りの情報を押さえておくために「カテゴリーまとめ買い」**のような感じで、まずは10冊程度本を買うといいでしょう。

この段階で「全部読めなかったらどうしよう」などと心配はせず、「積ん読」に終わったらもったいないなんてことも考えずに、必要な投資だと思って一括購入してください。「とりあえず2~3冊買って、残りは順次買っていこう」と考える人もいるかもしれませんが、そのやり方はあまりおすすめしません。後述しますが、同時に何冊も手元にあったほうが、パラレル読み、サーチ読みがやりやすいからです。

ネット情報を集める場合にも同様で、とりあえず検索結果の一番上に出てきたものを読み始めるのではなく、まずは関連すると思われるものをどんどんとブックマークしていきます。こちらは書籍購入よりはお金もかからないので、取り組みやすいと思います。

ただし、ブックマークする段階では、サイトを読みこまないことがポイントです。ここでじっくり読み始めると、だらだらとネットサーフィンをする状態になり、時間を無駄にしてしまいます。

書籍の情報の収集で気をつけること

概念の理解を早めるうえで、本の選択はとても重要です。最近とくに思うのは、本の二極化が進んでいるということです。つまり、本当に良書といえる本と、易しくしすぎて得られるものが少ない本です。

例えば、『1時間でわかる○○』『××はこれだけやればOK！』といったような本があります。入門としてこのような本が必要でしょうし、その手軽さから、ベストセラーになっている本もあります。本当にザッと概要把握するだけでよければ、こうした本で十分なこともあります。

しかし、リスキリングという観点から見ると、このような本ばかりを読んでいると、なかなか学びが自分の血肉にはなりません。やわらかいものばかり食べていると、顎の力や吸収力が弱くなってしまうように、**サラリと読める本ばかり読んでいると、理解力や思考力が衰えてしまいます**。

図表5-2は各分野を学ぶ際に必読書と呼ばれるものの一部です。自分が学ぶ分野での必読書があれば、たとえ難解で歯応えがある本でも、目を通すようにしましょう。一緒に仕事をする人がそれを前提として話をする場合も多いからです。実際にクライアントから「あの本にも書いてあるけど……」「○○の思想としてはこうかもしれないけど……」と会議中に話題になり、読んでおいてよかったと思ったことが何度もありました。

図表5-2

各分野の必読書はおさえる

経営・戦略

- 『MBAマネジメントブック』
- 『競争優位の戦略』
- 『マネジメント』
- 『企業参謀』
- 『イノベーションのジレンマ』

マーケティング

- 『MBA マーケティング』
- 『アイデアの作り方』
- 『コトラーのマーケティング・コンセプト』

財務・会計

- 『MBAファイナンス』
- 『稲盛和夫の実学』
- 『財務3表一体理解法』

組織・人事

- 『知識創造企業』
- 『失敗の本質』
- 『ビジョナリー・カンパニー』
- 『プロフェッショナルの条件』

リーダーシップ意思決定

- 『意思決定のための「分析の技術」』
- 『問題解決プロフェッショナル』
- 『EQ』
- 『シナリオ・プランニング』

経済学社会心理学

- 『マンキューマクロ経済学I入門篇』
- 『クルーグマン教授の経済入門』
- 『影響力の武器』

多読スキルを磨いて学びの取れ高を上げる

翻訳本ははずれが少ない

良書を選ぶ方法の1つとしては、翻訳本を選ぶのもよいでしょう。**翻訳本は大抵の場合、原著がベストセラーだったり、高い評価を得たものがほとんど**です。いわば、フィルターを1つくぐっていますから、良書である確率が高いでしょう。

また、ビジネス系の書籍の翻訳本は、十分な調査研究をもとにしたしっかりした内容のものが多いのも特徴です。一方、日本のビジネス書は、本書も含めてですが、個人の成功体験から導き出したノウハウを語るものが多いようです。

どちらがいいということはないのですが、体系的な思考を得たり、汎用性があるのは、やはり調査研究をもとにして書かれた海外の翻訳本に軍配が上がるので、翻訳本で気になるものがあったら、迷わず購入することをおすすめします。

ネットの場合、海外のサイトも視野に入れてもよいでしょう。最近ではDeepLなど翻訳ツールやChatGPTなども翻訳に使えますので、英語が苦手でも読むハードルは下がっています。

サーチ読みで1日に数冊読む

「本は読まずに眺める」

楽しむ読書ではなく、学習するための読書であるならば、こう割り切って考えることも大切です。じっくりと全部読まずに、目当てのキーワードや使える箇所を拾っていくというのが、短時間でインプットをするために不可欠な読み方だからです。

私は読書をしていると、よく「読んでいるのではなく、パラパラとめくっているようですね」と言われます。実はその通りで、**私はあらかじめ自分の中で「何を知りたいか」という目的を決めて、それをサーチ（検索）する感覚で本のページをめくっています。**キーワードや求めている情報を探してページを繰り、見つかると書き出したり、マーカーを引いたりして、またページをめくっていきます。

キーワードは、読む前から決めている場合もあれば、多読をしているうちに必要なキーワードがだんだん浮かび上がって見えることもあります。キーワードを含む文にマーカーを引いたり、メモとして書き出したりします。関連するグラフや記述など、参考になりそうな箇所もチェックしておきましょう。**いつでも自分のデータベースとして参照できるように、ポストイットで印をつけるなどしておくと後々便利です。**

リスキリングではこの「サーチ読み」が基本です。一字一句見逃すまいと熟読する、あるいは何が何でも頭から通読する、というようなことをしていては、時間がいくらあっても足りません。

ビジネス関連の書籍を読む目的は読破することではありません。どこを読むか、何がわかればよしとするか。あらかじめその辺のアタリをつけておいて、目的を持って読み進めるのがベストです。そうしなければ、「読み終えたけれど、何がわかったのかさえわからない」ということになりかねません。

このように、自分の中でサーチする対象が決まっていれば、かなり速く本を読み進めることができます。私の場合、だいたい2日に3〜5冊は読んでいます。

「パラレル読み」のススメ

書籍やネットの情報は、まずは一度にまとめて入手するということをお伝えしましたが、それは「パラレル読み」をするためです。パラレル読みとは、複数の本を同時並行（パラレル）で読むスタイルです。なぜ同時並行で読むのがよいかというと、学習効率が高まるからです。ある本で述べられていたことと他の本で述べられていたことが自分の中で関連づけられたり、ある本でわからなかったことが他の本でわかったり、といった具合です。

またサーチ読みをしながら読むことを考えると、1冊目に書いてあったことは2冊目以降は飛ばすこともできます。差分を読んでいけばよいので、さらに読むスピードが高まります。

良質・悪質、共通・相違見解を得るにはパラレル読みが一番適しています。こういった大量の書籍を読むにあたり、紙の本だけでなく、電子書籍やオーディオブックなども使いこなすことでさらに効果的なインプットができます。

時間と場所の制約をなくす電子書籍

音楽は一気にデジタル化が進みましたが、電子書籍が紙のリアル書籍を凌駕するのはまだ先だと思われます。それでも毎年、書籍売上げに占める電子書籍の比率は高まっており、新刊も紙の本と電子書籍と同時発売されるものが多くなりました。

電子書籍のいいところは、小さな端末で何百冊、何千冊もの本を読めるところです。本棚を増やすスペースがなくても、膨大な蔵書を持ち、かつ重さを気にせずに持ち運ぶことができます。私が電子書籍のメリットとしてもう1つ感じるのは、その場で入手できることです。書店に行く手間や、購入したものが届くのを待たずに、**今すぐに本が手元に揃うことは、急ぎでキャッチアップが必要な場合にはとてもありがたい**のです。

以前の電子書籍は「メモ書きができない」「マーカーを引けない」といった難点がありましたが、今はそんなことはありません。メモも、マーカーもつけられます。しかも、メモやマーカーの部分だけを集めて一覧表示もできます。大切だと感じた部分をあとからまとめて見直せるので、アイデアを練りたいときなどとても便利です。

文字をなぞれば、辞書機能が立ち上がって意味を表示したり、Wikipedia の内容や、翻訳した結果が瞬時に表示されるので、調べるためにネットを開いたりする必要もありません。このように電子書籍は、以前に比べてはるかに使い勝手よく進化しています。

また、**本をカテゴリー分けして一覧にする**こともできます。また、そのカテゴリーのどの本を何パーセント読んだのかもわかるため、「積ん読」状態を防ぐこともできるのです。「電子書籍はちょっと……」と敬遠している人も、一度試してみることをおすすめします。

流れや概要をつかみたい長めで難しい本はオーディオブックがおすすめ

サーチ読み、パラレル読みをご紹介してきましたが、中にはサーチ読みしづらい本もあります。例えばストーリーに意味があり、かつ難解な言葉が出てくるような教養系の本にはそういったものが多いでしょう。リスキリングという観点ですと、スキルに直結しないそういった本は敬遠されがちです。しかし、長い人生を考えるとそういった本は視野を広げ、視座を高めて人生を豊かにしてくれます。

こういった本を読むのにおすすめなのは、オーディオブックです。オーディオブックとは一般的な電子書籍とは違い、本を文字で読むのではなく、耳で聴けるサービスで、書籍をナレーターが朗読してくれます。代表的なものとしては、Amazonが運営しているAudible（オーディブル）や、株式会社オトバンクが運営しているaudiobook.jp（オーディオブックドットジェイピー）などが大手です。audiobook.jpには私の本も提供されています。

オーディオブックには様々なメリットがあります。まずは何と言っても**目が疲れない**こと。日常的にパソコンやスマートフォンの長時間使用で眼精疲労の方は多いと思います。眼精疲労は肩こりや頭痛にもつながりますので、できるだけ目を休める意味でとてもよいでしょう。

また手がふさがらないので、移動中や運動中、家事をしている時や運転している時なども、本の内容をインプットでき、**「ながらインプット」**に向いています。さらに、洋書が豊富なので、**英語の学習**としても向いています。

私がオーディオブックで読んだものをいくつかあげると『サピエンス全史（上下巻）』（ユヴァル・ノア・ハラリ 著）や『A Promised Land』（オバマ元大統領自伝）、『2040年の未来予測』（成毛眞 著）などがあります。『サピエンス全史』やオバマ元大統領自伝は、20時間を超える再生時間ですが、倍速機能が使えますので、半分くらいの時間で聴くことができます。『2040年の未来予測』は再生時間5時間ですから、これも3時間以内です。

これらの本は文章で読むと挫折しやすいですが、**聴き流していると最後まで辿り着けます**。文章で読んでいると分からない言葉が出てくると調べたり、遡って繰り返し読んだりしますが、聴いているとそれがしづらいのでどんどんと先に進んでいきます。

私の娘は英語の多読講座に通っているのですが、知らない単語が出てきてもその場では辞書で調べずにどんどんと読み進めるよう指導されています。知らない言葉が1つ、2つあったとしても読みながら、「こういう意味かな？」と推測しながら読み進め、概要を理解できるのが読解力だと説明を受けました。

ちなみに、オバマ元大統領自伝は本人が朗読しています。用語が分からないところも多数ありますので、日本語訳本と合わせて読むと理解しやすいです。

また、こういったオーディオブックの専門サービスを使わなくても、iOSやAndroidなどに既にある**読み上げ機能**をKindleに使ったり、AmazonのAlexaに読み上げてもらうなど、既に電子書籍を持っているのであれば、それを音声で聴くこともできます。

流れや概要をつかむのであれば、こういったインプットの仕方も有効ですので、是非試してみてください。

図表5-3

KindleをiPhoneの読み上げ機能で聴く

iPhoneの設定の「アクセシビリティ」で「画面の読み上げ」をオンにする

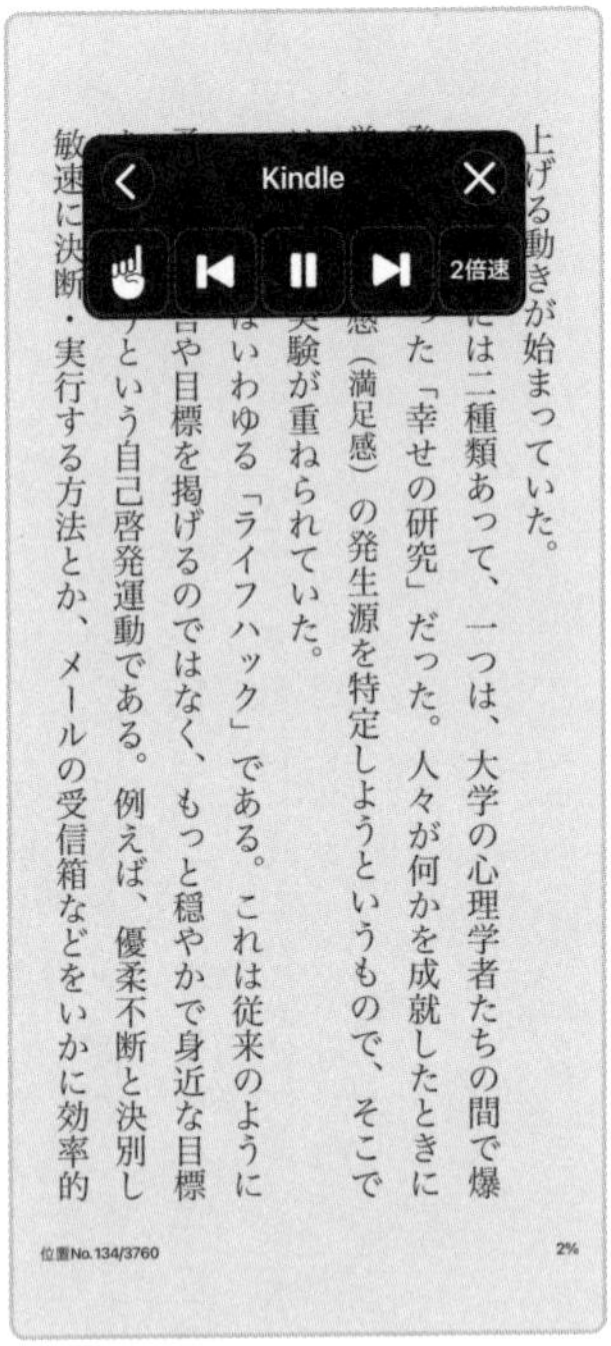

Kindleで読み上げ機能を立ち上げるとそのページから読み上げが始まる

インターネットとの付き合い方

インターネットで情報収集をする場合も、書籍の多読を行う場合と同様です。1～2サイトだけ見ておしまいではなく、**少なくとも10サイトくらいには目を通したほうがよい**でしょう。Googleなどの検索エンジンで情報収集すると、たくさんのページが表示されますが、後ろの方を見ていくと同じものが繰り返し出てくるようになります。コンサルタントの場合は、同じものが出てくるまではチェックをするようにと言われます。

また、ネット情報にはまだ書籍化されていない情報も含まれていますので、**最新情報や変化のスピードが速い領域を学ぶ**には役立ちます。

ただし、ネット上の記事はもともと玉石混交であることに加え、PV（ページビュー：アクセス数）を稼ぐことを目的としているものが多く、必要以上に情報を簡略化したり誇張されているものもあります。信頼できるサイトを選ぶことや、その業界や領域の知見が集まっているサイトを集中して見るなどの工夫が必要です。コツとしては、執筆者が分かるサイトを選ぶことです。経済・ビジネス関連であれば日本経済新聞社、東洋経済新報社、NewsPicks、IT関連なら、日経xTech、ITmediaなどがその例です。

研修・セミナーからの学びの基本は「問い」

研修・セミナーからの学びの取れ高は人によって大きく異なる

リスキリングを目的とした研修やセミナーは、政府や自治体が、法人と個人両方を対象としてリスキリング補助金を出しているため、その数も増えてきています。会社からリスキリング研修を受講するように言われていたり、会社が選んだ対象研修の中から選択して受講するよう促されたりする場合もあるでしょう。またコロナ禍でオンライン化が浸透し、リアルタイムオンライン研修や、アーカイブ視聴など、実際にその場に行かなくても受講できる機会は圧倒的に増加しました。

とはいえ、こういった機会をすべての人が活かしきれているのでしょうか。私は企業内のインハウス研修も、様々な企業の方が参加する公開研修のどちらもやっていますが、人によって大きく学びの取れ高が違うことを毎回実感しています。

「上司に言われたから参加しました」という人はもちろん学びの取れ高以前の問題ですが、せっかく参加していてもあまり学び取れておらず、もったいないと思う人もいます。書籍よりも高額な投資をするわけですから、それ以上の取れ高を目指すべきでしょう。

真剣に講義を聴くだけではなく、いくつかのポイントを意識して実践することで同じ研修の受講でも取れ高が変わってきます。学びの取れ高を上げる実践方法を紹介します。

修了後にどういう状態になっているかを決める

研修やセミナーを受講する時に、**受講し終わったらどういう「状態」になっていたいのかを明確にしましょう。**状態というのは次のようなものです。

「苦手意識がある〇〇の領域に〝これならできそう〟という手応えを感じている状態」
「〇〇の業務の手順が自分の頭にインプットされていて単独で遂行できる状態」
「自信を持ってプロジェクトをリードできると確信している状態」
「〇〇業務に生じている問題について解決の目処が立っている状態」

「次回の案件では提案からプレゼンまでを一人で実施できる状態」

こういった「状態」を意識することによって、受講中に「今、自分はその状態に近づけているかな？」と常に自分に問いかけることができます。その分だけ、得られるものも変わってきます。

研修受講の目的として「○○を習得する」「○○を理解する」ということをあげる人が多いです。しかし習得や理解をしたうえで、その先どうありたいのかを考えておかないと、学びの使い道がイメージできません。「学んだけど使えない……」という取れ高が低い状態になってしまいます。

学びの取れ高が高い人は、「このスキルはこう使おう」という紐付けが得意です。自分の中に解決したい課題や目指す姿があると、「これはどう使うべきか」という活用するための思考スイッチが入ります。何も考えずに受講していると、このスイッチが切れたままなのです。

研修・セミナーでは必ず質問をする

研修・セミナーで学びの取れ高を上げる効果的な方法は、質問をすることです。上手に質問をすれば、講師は書籍や雑誌を何冊読んでも得られないような実践的な情報を提供してくれるでしょう。上手に質問するためにはコツがあります。

私は長らく講師をしているので、これまで受講生から数多くの質問を受けてきました。その経験から、質問の仕方にも上手下手、もっといえば「役に立つ質問」と「時間の無駄に過ぎない質問」があることを、身をもって実感します。

上手な質問は、自分がどういう状態を目指しているのかを明確にしたうえで聞いてくる質問です。「なぜ、それが知りたいの？」と聞き返されても、戸惑うことなく即答ができる、そういう質問です。

「こうなりたくて、こういうスキルを身につけたいから、こういう質問をしました」

「自分はこうやったほうがいいと考えますが、なぜ先生はこのやり方をすすめるのですか」

「○○をする時にこういう失敗をしがちだが、やり方をどう変える必要がありますか」

このように、目指す状態があるので、質問から得られる学びの取れ高が高いのです。なかには、質問を受けた私自身が非常に考えさせられ、私自身の「学び」になる質問もあります。

他方、下手な質問は目指す状態が明確でないことによる、「何となく」の質問です。何となく聞いたことは、何となくしかインプットされないので、その学びが仕事に活かされることも少ないのです。

恥ずかしがらずに質問することは大事なことです。しかし、小学生のように「○○って何ですか?」というような単純な質問はいただけません。「○○について私はこう考え、こういう新たな疑問がわきました。それについてどうお考えですか?」といった具合に、「質問」ではなく「設問」を投げかけるべきなのです。

そのためには、**書籍などである程度知識の土台を構築し、自分なりに仮説を立てておくべき**でしょう。あまりにも初歩的なことを質問するのは、他の受講生の時間を奪うことにもつながります。

対面研修では講師の視線がくる位置に座る

「座る位置によって、学びの取れ高は変わる」と聞いたらどう思われますか。「そんなことがあるのか」と思われる方もいれば、「前の方に座る人はもともとまじめで勉強熱心な人だから、そりゃそうでしょ」と思う人もいるでしょう。

座席位置と学習意欲と学業成績の因果関係については、様々な研究結果があります。

○中央ゾーンの座席は周辺ゾーンの座席よりも意欲や成績が高い
○教室の後方から見て右側よりも左側ゾーンのほうが意欲や成績が高い

もともと熱心な人が中央や前に座るということはもちろんありえますが、**講師の目が自分に向いているかどうかが受講者の意識に変化を与える**ということが考えられます。

私が講師をする際には、座席が既に決まっているものも多いのですが、左右のほうに目を向ける時間は、中央に比べると意識していても少なくなってしまいがちです。調査によれば、教室の左右のゾーンによって、意欲や成績の結果が異なります。講師が立つ演台が左側に置かれていることが多いこと、また右利きの場合には板書をしながら話すことを考えると、講師から見て右側（つまり左側ゾーン）を向く頻度が高く、講師の視線が向けられるのは左側ゾーンが多いからではないかと考えられます。

つまり**講師の視界に入る位置が、適度な緊張感や集中力を保つには有効**なのではないでしょうか。

オンライン研修・セミナーでは積極的に反応する

オンラインの研修やセミナーでの学びの取れ高を上げるポイントは、自らの参加意識を高めることです。ウェビナーなど参加者が多数で、講師の話を聞くことがメインであればカメラオンで顔出しにする必要はありませんが、参加型の研修では顔出しの方が参加意識が高まります。

また、**自分がよいと思ったところでリアクションボタンを押したり、画面オンで参加しているのであれば頷くなど、反応を多めに入れるのも参加意識を高められます。**

また、オンライン研修の中にはコミュニティを形成し、参加者同士の切磋琢磨を促すタイプのものがあります。私も出講している「Schoo（スクー）」や「ビジネスアウトプット

GYM」などはチャットを活用した参加型で、意欲の高い方がたくさん参加されています。演習のアウトプットを共有しフィードバックをもらうことで、一方通行の研修に比べても学びの取れ高は高くなるでしょう。

質問を積極的にしたほうがよいのは対面の場合と同様ですが、**質問の仕方として、チャットを使うのが効果的**です。理由はチャットで質問されると、講師が回答を整理してから話すことができるからです。講義中に思いついた質問をチャットに入れておくと内容に合わせて講義のタイミングのよいところで講師が答えやすくなります。もちろん音声でも構わないので積極的に質問することをおすすめします。

また、1～2時間のセミナーも増えてきました。18時や21時など仕事が終了後に開催されるものや12時からのお昼休み時間帯に開催されるものなど、以前は移動がともなっていたので参加できなかった時間帯に数多くのセミナーが開催されています。「Peatix（ピーティックス）」は様々なオンラインセミナーやイベントなどを探して参加申し込みができるサービスです。

こうしたオンラインセミナーの多くは1～2時間のものですが、概要や最新トレンドなどを知るにはちょうどよいものがたくさんあり、かつ無料のものも多くあります。ただし、勧誘や営業目的のものもありますので、注意は必要です。

動画は倍速で視聴する

リアルタイム参加ではない、**アーカイブ視聴型の研修やセミナーも自分の都合の良い時に受講できるので利便性が高い**でしょう。最近では視聴速度をコントロールできるようになっているものが多く、**1・5倍速や2倍速で見る**方も多いようです。

「倍速で見ても理解できないのでは?」と思うかもしれませんが、実は通常の速度と倍速で視聴したときの理解の差はあまりないという調査結果が出ています。

早稲田大学人間科学学術院で行った再生速度の違いと理解度の関係を調べる調査では、再生速度によって「1倍(通常)」「1・5倍」「2倍」の3グループに分け、映像授業後にテストを受けてもらったところ、理解度は3グループともほぼ同じだったという結果になりました。

脳が理解しようと適度に集中できる速度であれば問題がなく、倍速にすることで集中して聞かざるを得なくなるという側面もあるそうです。私もアーカイブ視聴コンテンツを収録しますが、その際には少しゆっくり目ではっきりと話すことを求められますので、倍速でも聞き取れると思います。

ただし、これは視聴者側の知識量にも左右されることも分かっており、知識の土台がなければ倍速視聴では理解できないということもありますので、理解できないのであれば通常速度にしたほうがよいでしょう。

さらに倍速視聴の有効活用としては、**理解できなかったところをもう一度視聴する**方法です。まず倍速で一度視聴、その後頭から分かりにくいところを中心にもう一度視聴すると、通常速度で一度視聴するよりもさらに理解が深まり、取れ高があがります。

［具体の理解］実践機会を一気に増やす

「百聞」の次のステップ

「具体の理解」は、抽象化・汎用化された情報を体感する、もしくは実践の中から暗黙知（言語化するのが難しい、個人の行動や価値観などに根差した知）を自分のものにしていくステップです。膨大な量をインプットするだけでは「物知り」以上にはなれません。１００冊読んだから仕事ができるかといえば、それは別問題です。運転免許でいえば、ある程度の座学を終え、路上教習に出るステップです。

もちろん実践といっても、いきなり責任ある業務を担ったりするわけではありません。ここで大切なのは、**訓練となる実践の機会をどれだけ多く作り出せるか**ということです。投資について学びたいのであれば、自分で決算報告書を見て財務分析をしたり、株式投資を始めてみる。仕事のなかでそういう機会を作ることです。

いずれにせよ、**「転んでも大怪我にならない経験」をどれだけ積めるか**、それが「具体の理解」の成否の分かれ目になります。どんなにインプットをしても、ここでアウトプットの場を作れなければ、「使えないスキルや知識」となってしまうのです。

自信は実践する中でしか培われない

「もう少ししっかり学んでから実践で使おう」「このレベルではまだまだ自信がない……」せっかく学んでも、それを使う場数を踏むことに躊躇する人は多いものです。それではいつまでたっても「具体の理解」に進めません。

そもそも**学びに終わりはない**ので、「これで大丈夫」という100％の確信など持てるはずがありません。かつては「確信が60％持てればゴーサイン」と言われましたが、今やそれでも遅すぎます。**30％程度の確信でも行動を起こすべき**でしょう。人によってはほぼ予備知識なしで実践から始めて、不足していることを補いながら走るという人もいますが、大抵の場合は「もっと勉強してからやればよかった」とか「最初からこれが分かっていたら、こんなやり方はしなかったのに……」ということになりかねないので、ある程度の概念の理解は無駄な回り道を避けるためには必要です。

ただし、自信というものは、いくら本を読んでもセミナーを受けても培われるものではありません。実践の中で「これはこういうことか」と気づきを得ることが本当の自信につながります。

であるならば、インプットの時間は極力少なくし、アウトプットしながら同時並行でさらに学び続けるスピード感が必要でしょう。**スキルや知識はすぐに陳腐化していくことを忘れずに、学んだことはできるだけ早く自分の仕事やキャリアに活かす**ことを意識して、走りながら学び続けることが大切なのです。

実践的学びの取れ高を増やすには

「具体の理解」を深めるためのやり方を4つ紹介します。

①勉強会やコミュニティへの参加
②実践型ブートキャンプ研修への参加
③実務への関与を通じて人から学ぶ

④ラーニング・ジャーナルに記録する

まず、①の勉強会やコミュニティは「概念の理解」から「具体の理解」へと移行するうえで有益です。「具体の理解」はとにかくアウトプットすることが重要だからです。勉強会やコミュニティに参加することでアウトプット機会を自ら増やすことができます。

②のブートキャンプ研修は、短期集中型の実践型講座プログラムです。座学よりも実践に重点が置かれており、修了後はすぐに仕事ができるくらいまで仕上げることを目指しています。プログラミングブートキャンプなどIT人材育成のもの以外にも、経営人材、リーダーシップ、接客など様々なプログラムが提供されています。個人で受ける人もいれば、会社の要請で受講する人も増えています。

③の実務への関与を通じた学びは、人からの学びです。既に実践している人や、その道の先輩やリーダーなどから得られるものは、とても大きいです。

これらの方法はどれか1つでなく、複数組み合わせることで相乗効果が期待できます。

重要なのは「概念の理解」で学んだことをどれだけ活用してアウトプットできるか、その過程で得られたことを言語化して学びとして蓄積できるかという2点です。「知って、終わり」でもなく、「やってみて、終わり」でもなく、「知って、やってみて、分かった！」という状態を目指します。

ラーニング・ジャーナルで再現性を高める

④のラーニング・ジャーナルはＬ＆Ｌ（レッスンズ・アンド・ラーンド）を蓄積していく、学びの記録です。Ｌ＆Ｌとは経験から得られた学びや教訓のことで、それを記録していくのがラーニング・ジャーナルということになります。「知って、やってみて、分かった！」は蓄積していかないと風化してしまうからです。

プロジェクトマネジメントの世界では、Ｌ＆Ｌは非常に重要な位置づけであり、方法論の中ではプロジェクト終了後にはＬ＆Ｌをまとめて共有することが義務づけられています。経験から得たことを明文化しておかなければ、何度も失敗したり、リスクが高まりプロジェクトの成功確率が低くなってしまうからです。

これは個人の学びでも同様です。ビジネスパーソンが習得するスキルに求められるのは「再現性」です。上手くいった場合でもつまずいた場合でも、気づきを言語化せずにいると、スキルの再現性は高まりません。ラーニング・ジャーナルの蓄積方法は、あとの項で説明します。

勉強会やコミュニティはアウトプットを意識する

フィードバックを得るためのアウトプット

書籍などで知識の土台が少しでも築けたら、それを積極的にアウトプットするよう心がけます。アウトプットの方法には、実際にそれを使ってみる、あるいは誰かに話してフィードバックしてもらう、という2つがあります。ここでは、誰かに聞いてもらう、どこかで発表するといったアウトプットについて説明します。

リスキリングにおいて、このアウトプットは疎かにできません。上手くアウトプットできないと、学習効率が落ちるばかりか、最終的に「使えない、独りよがりな知識・スキル」しか身につかないからです。

アウトプットの意義は、大きく分けて3つあります。

①適切な評価、有力な情報が手に入る

自分が学んだことを人に聞いてもらうと、客観的なレビューが得られます。その道の先達に聞いてもらえば「正しい」「間違っている」あるいは「もっといいやり方がある」という貴重な情報がもらえるのです。

また、専門家ではない人に聞いてもらえば「よく分かった」あるいは「いまいちよく分からない」というコメントがもらえます。それが自分の理解度の指標にもなり、反省につなげることができます。

もちろん、こうして得たフィードバックもラーニング・ジャーナルに記録します。

②実践に向けての訓練になる

リスキリングの最終目標は、身につけた知識・スキルを実践して新しい仕事ができるようになることです。**早い段階からアウトプットの訓練をし、場慣れすることが大事です。**

「まだそんなレベルではない」「人前では、まだ話せない」などと言わずに、アウトプットしていきましょう。こういったアウトプットの場が学習している段階で作れない人は、実際に仕事をする段階でもアウトプットの機会を作れない人になる可能性が高いのです。

アウトプットには、学んだことを言語化して伝える、もしくはそのスキルを使って何か

やってみるという2種類があります。言語化することで再現性が高まり、スキルを使うことで自分ができているのかいないのかが分かります。

③周囲にアピールできる

自分が学んだことをオープンにすると、「それを学ぶなら、このやり方がおすすめだよ」「そういうことに興味があるなら○○を紹介するよ」と人や案件を紹介してもらう、といった色々な機会が得られます。**せっかく学んでいるのだから、その学びを稼ぎにつなげる意味でも、アウトプットしてアピールしましょう。**

また、アウトプットしておけば、周囲の人が気にかけてくれます。「あれ、どうなってる？」と進捗を聞いてくれるので、学習を継続するサポートにもなるのです。

早期アウトプットで成長できる

私が支援している人でも、あまりよく分かっていない初期段階から躊躇せずにアウトプットする人と、見栄やプライド、自信のなさが邪魔をしてなかなかアウトプットできない人に分かれます。前者は、最初のうちこそ笑われることもあります。しかし、最終的には後者はもちろん、自分よりできていた人たちさえ追い抜くことが多いのです。

ちなみに「まだ始めたばっかりで……」と経験の浅さを言い訳にできる期間は限られています。その期間であれば周囲も大目に見て、あれこれと教えてくれますが、だんだんと時間が経つと「そんなにやってるのに、その程度?」と思われるリスクが高まります。そのため、いかに早くアウトプットするかが上達のコツです。フィードバックは痛いものかもしれませんが、あとになって全然できないことに比べれば痛くない経験です。

アウトプットの場を使い分けて学びを効率化する

アウトプットの場は、人に聞いてもらう、勉強会を開くなど、色々な方法があります。特に**社内外での仲間内による勉強会やコミュニティ活動は、アウトプットする最適の場**です。積極的に参加するようにしましょう。

勉強会やコミュニティでは情報が飛び交い、学びも多いと思います。人の話を聞くだけではなく、自分も発表などアウトプットを積極的にしましょう。

まだ勉強し始めて間もないのに、意見を投稿したり、人前で30分や1時間も話すなんて無理と思うかもしれません。精神的なプレッシャーもあるでしょう。しかし大変なぶん、リターンも大きいのです。この壁を越えた先に待っていることは大きいと思いましょう。

こうした勉強会は、社内メンバーでやる場合と、広く異業種で集まってやる場合の2つがあります。それぞれにメリットがありますので、使い分けるとより効果的な学びとなります。

社内の勉強会は、より高度なフィードバックを得る場

社内での勉強会のメリットは、より実務に近いフィードバックを受けられたり、より実践的な事例やノウハウを聞けることです。自分が憧れる上司や先輩に参加してもらえば、厳しいながらも、自分の現状を踏まえたうえでの的確なアドバイスやレビューを受けることができます。同僚からは、明日から使えるような仕事に直結する話や、自分が知らなかった事例を聞けるでしょう。

一方で注意しなければいけないのは、社内の人間同士だと共通認識が既にあるので、「言わなくても通じてしまう」ことがある点です。社内の勉強会だけにしか参加していないと井の中の蛙になってしまう恐れがあるので、用心してください。

社外の勉強会は、自分のアウトプットを確認する場

社外の勉強会というと、社交の場を想像される方もいますが、学びを深められる勉強会

もたくさんあります。人に聞いたり、インターネットで探したりして、自分に合った勉強会を見つけましょう。

かつて私が参加していたのは、会員登録制で異業種の人が月に1回集まる勉強会です。1回につき1コマ2時間、誰かが講師になって自分の専門分野のこと、あるいは自分が今取り組んでいること、関心があることについてプレゼンテーションします。

この2時間というのは曲者です。1時間なら何とかお茶を濁せても、2時間語るなら、それなりに事前のインプットが求められます。

また、社内にはいないような専門家が出席されることもあります。そういうときは当然、かなり突っ込んだ質問や指摘をされることになります。

AIの活用方法を考えるコミュニティ、人事関係者のコミュニティ、ライターのコミュニティなど本当に多種多様なコミュニティがあります。SNSの普及により、以前に比べてどんなコミュニティがあるのか、とても探しやすく参加しやすくなりました。

なおオンラインコミュニティは情報や知人が増えることで仕事につながるよい面もありますが、それも自分の関わり方次第です。コミュニティに入れば人脈が増えて仕事がくるだろうというような他力本願では、リスキリングはあまり上手くいかないでしょう。

常にアウトプットすることを自分に課す

「忙しい」という理由で、アウトプットを疎かにする人は少なくありません。でも、時間は作るものなのです。「ない」と言っているうちは、いつまでたってもアウトプットができません。**無理矢理にでも勉強会の予定を入れ「ここまでに、これだけインプットする。そのためには○時間必要だから効率をこれだけ上げる」といった覚悟が必要です。**

とはいえ、まとまったアウトプットとして発表するまでにはいたらないという状況もあると思います。そういう時も、コミュニティのSNSグループに流れてくる情報を漫然と眺めるのではなく、自分からも発信したり、他の人の投稿に反応するだけでもいいので、ベイビーステップのアウトプットに取り組んでみましょう。

そんな時に便利なのが「FYI」です。「For Your Information」の略で、「ご参考までに」という意味です。詳細についてはchapter8で触れます。

実践型ブートキャンプ研修での学び方

ブートキャンプ方式とは

ブートキャンプ方式とは、アメリカの新兵養成プログラムのような、軍隊式の厳しい訓練を指す言葉です。以前、この名称を使ったハードなエクササイズが流行したので、覚えている方もおられるでしょう。

ブートキャンプ方式の良さは、**自分の限界を少しだけ超えることで、大きく成長できる**点にあります。しかし、自分の限界を超える挑戦をする機会は業務や普通の研修では滅多にありません。そこで一定期間、集中できる環境で学ぶ方法がブートキャンプです。

ひたすらプログラミングの実習に打ち込んだり、起業や新規事業立ち上げの準備をしたり、経営者として必要な資質を得るためのものや、リーダーシップを実践しながら学ぶもの、接客のロールプレイングをひたすら実践するもの、ライターになるために多くのライティング課題をこなすものなど、様々な種類のブートキャンプが増えてきました。

特にＤＸ人材育成はニーズが高く、プログラミングだけにとどまらず、ビジネスモデルの作成や変革手法などＤＸ推進のためのＤＸ人材ブートキャンプなどは複数存在しています。

私は女性経営者育成やリーダーシップマインド育成のブートキャンプを提供しています。参加者の感想は「何で自分はこんな大変なことに参加してしまったのだろう」「毎回の課題がつらくて泣きそうだった」と、**かなりの負荷がかかっている**ようなものが多いです。しかし、最終プレゼンでは**「ひとつ階段を上がった気がします」「違う景色が見えました」**など短期間での成長が実感できたようなコメントがあがります。

時間とお金を投資する効果があるかを見極める

ブートキャンプ型は多くの場合、経験豊かな人が指導者としてしっかりサポートするため、**短期間で実践経験を積むことができますが、その分コストは高めになります**。また、短期間集中するため、業務を遂行しながら参加することは難しいでしょう。個人の場合には、スキルを身につけて転職することを目指して会社を辞めて参加する人が多いです。会社からの派遣の場合には、リスキリング対象人材として、業務を離れて参加される方が多いでしょう。実際に転職して収入がアップしている人もいますし、複業・副業を始めたという方も数多くいます。

このように実践的なスキルが身につけられるという良い面もありますが、その分、内容や取り組む課題は難しく、基礎がない場合にはかなり厳しい場合が多いです。「経験なしでもＯＫ」と謳っているものもありますが、内容やレベルをしっかりと確認しないと、ついていけないということもありえます。

私のクライアントの中にも、一人何百万円もかかるデータアナリストブートキャンプに複数の社員を送りこんだものの、実務に全く役立てられていないので、どういうプログラムを選んだらよいのかと相談してきた方もいました。それだけの**お金と時間を費やす価値や成果が出るのか、選び方は慎重になる必要があります。**

手に入れたいスキルは人から「盗み取る」

教わるときは「プライドは低く」「志は高く」

「具体の理解」のステップは、暗黙知を吸収していく、つまり、先達のやり方を見て「ここがいい」「ここはよくない」と、自分とその人の違いを認識したうえで、スキルを盗むステップでもあります。

「概念の理解」ができていないときには、漠然と「この人はすごいリーダーだなぁ」としか感じられなかったものが、「意見を出してもらうときの振り方が抜群だ」「話しかけるタイミングが絶妙だ」「ビジョンを掲げるときに選んだ言葉が秀逸だ」など、より具体的に学ぶべき要素に気づくようになります。**人のやり方を、他人事でなく自分事として捉えることができるステップ**なのです。

書籍から得た情報だけ蓄積しても、ラーニング・ジャーナルは「大掛かりな書評」にしかなりません。**人から教わったこと、自分で実践してみて気がついたことを書き込んでいくことで、自分のスキルとして再現性が高まります。**ここでは人から上手に教わるコツについて解説します。

「こんなことを聞いたら恥ずかしい」と思うのは意識が自分に向いています。仕事は相手がいて、何かを成し遂げるものです。それを実現するのであれば、「聞くは一時《いっとき》の恥、聞かぬは一生の恥」と思えるはずです。むしろ自分の見え方ばかり気にしているほうが恥ずかしいのです。

暗黙知を盗み取るには

私も先輩や上司のことをよく観察しながら、色々盗ませてもらいました。例えばプレゼンテーションスキルなども、うまいと感じる人の間《ま》の取り方や、最初の導入部分での話し方、接続詞の使い方など、**つぶさに見て感じ取って参考にしました。**

また、マネジメントスキルなら、一番身近なお手本といえる自分の上司から、いいところを盗むというのもあります。「こういうフィードバックを受けるとやる気が高まる」と思ったらその言い方を盗んでみる、という感じです。
私は、他の講師の方の話も分析しながら聞いています。この人はなぜこういう言い方や言葉を選んだのか、どのように受講者の懐に入るのか、など見ていて興味が尽きません。逆に「自分だったらこうするのに、なぜこの人はそれをしないのか？」などと考えるのも勉強になります。

こういった、相手が無意識でやっていること（＝暗黙知）については、「どうやれば上手くいきますか？」と聞いても望む答えをもらえないことがあります。それは意地悪ではなく、本人が意識しないでやっていることが多いから、教えようがないのです。だから**観察して分析して学ぶ**しかありません。

ちなみに「学ぶ」の語源は「真似る」ともいわれています。「真似る」はもともと「まねぶ」と発音されていたそうです。真似るためには対象をとことん観察して分析しなければできません。しっかりと観察するためには「概念の理解」で得られる知識の土台が必要です。それがないと上辺だけ真似してみたり、学ぶべき暗黙知が見つけられないのです。

因数分解をして人から盗む

人の何かを真似よう、何かを盗もうと決めたら、まずは、自分がその人のどんな部分に惹かれているのか、そこを因数分解によって特定する必要があります。そうすることで自分が学ぶべきテーマがよりはっきりと見えてきます。

例えばあなたが「サッカー日本代表の監督である〇〇さんのようになりたい」と思ったとします。

それなら、闇雲に何でも取り入れるようなことはせず、まずその人のスキルや特徴を因数分解するのです。

○〈持っている知識〉グローバル経験に裏打ちされた豊富な戦術
○〈リーダーシップの特徴〉まずは自分の意見を言わず、メンバーの意見をすべて聞く
○〈コミュニケーション〉精神論を述べるのではなく、客観的に勝てると信じさせる

こんなふうに因数分解していくと、自分の身につけたい知識やスキルがはっきりしてきます。

また因数分解をすると、モデルとした人物のやり方を、そのまま鵜呑みにはできないこ

ともわかる場合があります。**モデルにとって上手くいく方法が、万人に通用するとは限らない**のです。

例えば、プレゼンに定評のあるAさんという人がいたとします。そのAさんのプレゼンスキルを学ぼうと思って観察したところ、スピード感のある話し方であるとわかりました。しかし、誰もが早口で話せば伝わるかというと、そうではありません。早口が、勢いや疾走感としてプラスの印象を与えることもあれば、せわしない印象を与えることもあります。また、相手が聞き取れないこともあります。さらにいえば、自分のキャラクターと合っていない場合もありますし、そもそも通常のスピードの自分の話し方自体が聞き取りにくいということもあります。

そういったことを無視して、モデルのやり方を鵜呑みにしても、単なる猿真似に終わり、逆にパフォーマンスを悪化させることにもなりかねません。

上手くいっている人を見習う際は、「メリハリをつけて話す」「重要なキーワードはゆっくり話す」など、自分なりにアレンジして取り入れる必要があるでしょう。

Skill
up!

学びの取れ高を蓄積する「ラーニング・ジャーナル」

アウトプットの場にもなる学習の記録

ラーニング・ジャーナルは学びの記録です。作成の目的は、習得した知識や情報、アウトプットへのフィードバックや気づきなどを蓄積・整理することです。

書籍をサーチ読み、パラレル読みで多読したり、セミナーや研修を受講することで得られることはたくさんあります。それらを**SNSやブログにアウトプットしていくと、学んだことを自分の中で整理することになり、その過程で記憶への定着率が高まります。**

3つの攻略マップを作った日からでもよいですし、書籍を読み始めた日から、もしくはしばらくしてある程度のキーワードがたまってきてからでもよいので、SNSやブログで記事を作成して、そこにアウトプットするようにしましょう。

ラーニング・ジャーナルはあとから見返したり、編集しなおすことも多いため、紙ではなく、SNSやブログなどネットのツールで作成することをおすすめします。今は様々な学びを促進するSNSがありますので、そういったものを活用すると、学びの取れ高を上げたり、学ぶ気持ちを持続しやすくなります。

紙ベースではなく**デジタルで作成する一番のメリットは、検索が容易であること**です。キーワードやテーマ、作成日時などから素早く検索することが可能なので、スピードが求められるリスキリングにおいて、大きなメリットです。

またどれだけ学んだかを見える化しやすいというメリットもあります。語学などは学んだ時間をログとして記録しておくと達成感が得られます。

さらに、**インターネットに接続されていることも大きなメリット**です。リンクを貼ることも簡単にできますし、**第三者に公開して情報交換したり、フィードバックを得ることも可能**です。

SNSを活用したラーニング・ジャーナル

ある学習用SNSアプリケーションを提供している会社が活用理由を調査したところ、

以下の回答があったそうです。

○勉強方法などの情報を集める（64％）
○分からないことを解決する（55％）
○モチベーションを上げる（49％）
○記録を残す（34％）
○同じ仲間を見つける（18％）
○人に教えることで自分の学力を上げる（18％）

SNS内では、他のユーザーの投稿を検索して疑問を解決できます。また、気になっていることを投稿したら、それを見た他のユーザーが親切に教えてくれることもあります。

自分の勉強記録を文字や画像として投稿したり、他のユーザーの記録を見て、「自分ももっと頑張らないと」とモチベーションにつなげることもできます。

検索機能で見つけてもらう

SNSなら、検索機能やハッシュタグを使い、仲間を探すこともできます。「#DX」「#勉強記録」「#英語」「#プログラミング」などのハッシュタグで検索したり、他のユーザーの投稿にあるハッシュタグをクリックしたりすれば、同じテーマに関心のある人が見つかります。

同様に自分で投稿するときに、先述のようなハッシュタグをつければ、他のユーザーから見つけてもらえるでしょう。SNS上だけの仲間でも、参考になる情報のやりとりができたり、励まされることもあります。

SNSの投稿は他人に見られるプレッシャーがありますが、**他人に分かるようにアウトプットとしてまとめることで、学んだ内容の定着率は高くなります。**

学びに活かすためにSNSの特性を把握する

学びに使えるSNSにはどんなものがあるかをあげてみましょう。

X(Twitter)

140文字でも、読んだ本の書評やセミナーなどで学んだことを気軽に記録できますが、有料アカウントなら4000文字まで投稿できるようになったため、まとまった量のアウトプットにも使えるようになりました。**書評などをあげている使い方が多いですが、研修・セミナーなどでの気づきや参考リンクなどを投稿しておくのも便利**です。

Instagram

意外にも勉強用に使っている人が多いのです。本の表紙を撮影して、書評とともにアップしたりしている人も多数です。例えば「#エンジニア」で検索すると、ITエンジニアのスキルを身につけて転職に成功した人がどのように学んだのかが分かるアカウントなどが見つかったり、「#宅建」で検索すると、宅建の試験対策に優れたアカウントが見つかったりします。

Xや Instagram などを学び用に使う場合には、日常使っているアカウントの投稿と分けたほうが使いやすいです。フォロワーもその学びに関連する人が増えるので、情報も集まりやすくなります。そのために「勉強アカ」と呼ばれる、**別アカウントを作り、実名を出さずにラーニング・ジャーナルとして使うのがおすすめ**です。

Facebook

Facebookは実名での参加が前提なので、別アカウントを作ることは難しいです。投稿できる内容を学びに限定するのは難しくなりますが、その代わりに**コミュニティ参加を目的として使う**ことができます。

AIやChatGPTなど最新のテクノロジーに興味を持つ人たちが集まって、試行錯誤の状況を共有したり、困っていることなどを投稿してコミュニティメンバーからの助言をもらうなど、コミュニティを形成しやすいプラットフォームです。

有料のオンラインコミュニティなどもあり、プロジェクトに参加して貢献することで実践の訓練を積むことができたり、リアルな仕事に結びつきやすいというメリットがあります。

Studyplus

Studyplusは学びを可視化することができるプラットフォームです。**日々の勉強を記録・見える化することで学習計画を管理**したり、勉強に励む友達・仲間同士で**学習記録をシェアすることでモチベーションを向上させる**ことができます。どんな教材や書籍で学んでいるか、など様々な教材について、学習時間、ページ数、振り返りを記録でき、語学学習や資格取得に向いています。他の人がどんな教材を使ってどれくらい学んでいるのかを

図表5-4

Studyplusの活用例

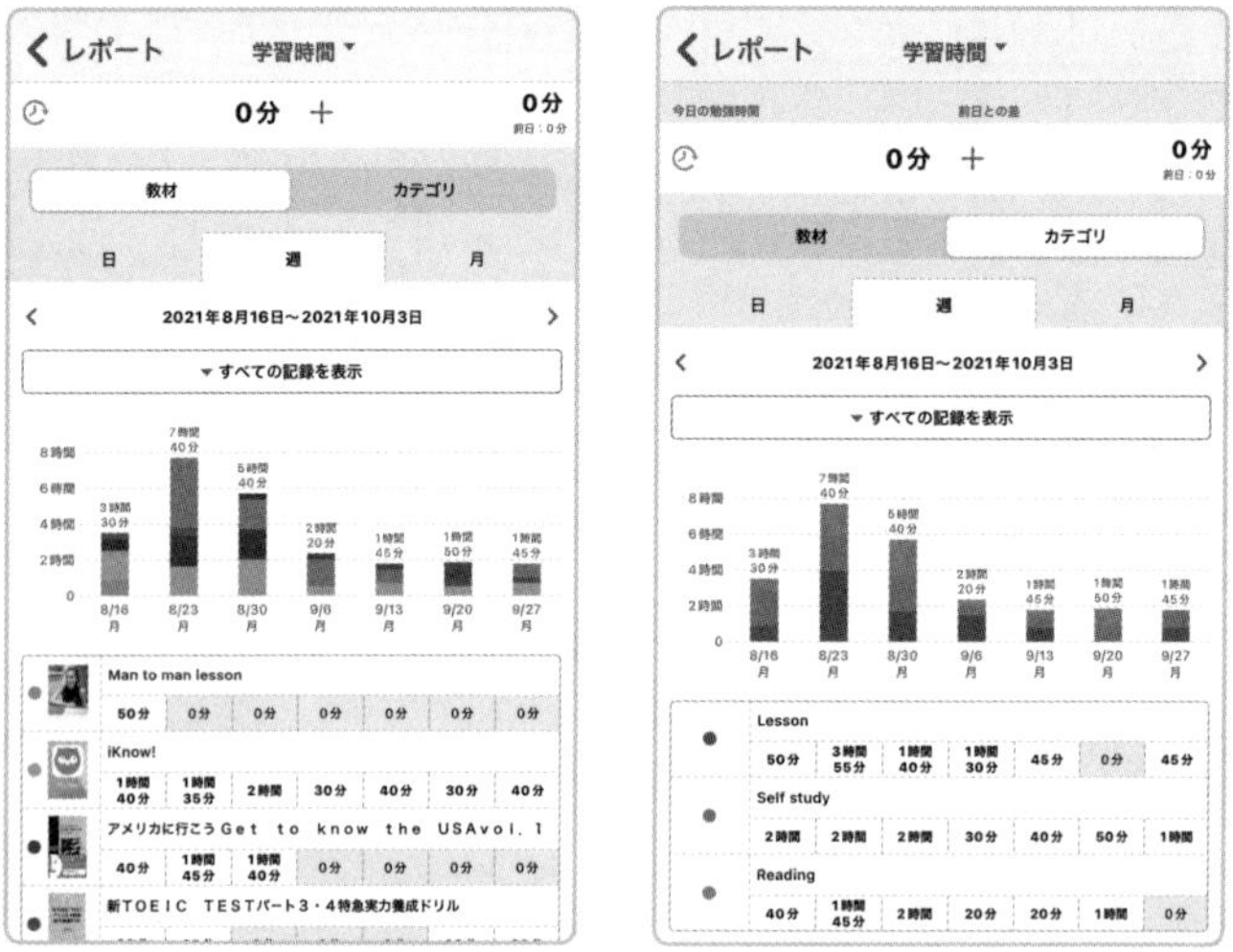

見ることは、参考にも刺激にもなります。

私は語学学習用に活用しましたが、達成感が感じられて継続のモチベーションが保たれていたように思います。

note

長文を投稿する媒体になりますが、アウトプットの場と考えるとうってつけです。クリエイターのためのサービスですが、**文章、画像、動画なども貼り付けられるため、ラーニング・ジャーナルとしても活用**しやすく、優れた先達の人を見つけやすいといえるでしょう。ブログに代わるものとしておすすめです。

このように学んだことをしっかりと文書化するものもあれば、メモ程度のもの、学んだ時間を見える化するものなど、それぞれに特徴がありますので、学ぶ内容によって、やりやすいものを選ぶとよいでしょう。

2016年06月23日

コミュニケーションを仕掛ける - S社長との会話より

「目標管理制度は、上司・部下のコミュニケーションを組織的仕掛けとして作るものであって、処遇のための契約の場ではない。」

確かに目標設定の場で腹を割って話せなくては、その後の仕事の仕方はどうしても考え方、進め方の違いが出てくるだろう。目標管理ワークシートの中にコミュニケーションを深めるような"仕掛け"をもっと作らなくてはいけない。

タグ：会話

posted by Kumiko at 10:44| Comment(0) | TrackBack(1) | 人材経営 | |

2015年04月23日

モチベーション・マネジメント — 最強の組織を創り出す、戦略的「やる気」の高め方

リクルートの人事部長から、リンクアンドモチベーションの代表を務める著者が金銭・地位ではない、新しい時代のモチベーションの源泉を述べた本。リクルートというと特殊な人材マネジメントが取り沙汰されるが、その本質の中には取り入れられる要素もある。モチベーションをあげるための方法がユニークなネーミングで説明されている。制度設計の中にどう組み込むかが鍵となる。

<参考 ： モチベーションマネジメント実践>
ゴールセッティング効果、ラダー効果、リンク効果、リクルーティング効果、オンリーワン効果、スポットライト効果、ナレッジ効果

<今後の学習方針>
コーチングの概要を学ぶ。リーダー・管理職育成も視野に入れる。

モチベーション・マネジメント — ...
小笹 芳央
amazon.co.jp で買う
プライバシーについて

タグ：Book

posted by Kumiko at 10:44| Comment(0) | TrackBack(1) | モチベーション管理 | |

2015年04月01日

MBA人材マネジメント

入門書としては良く、人事制度、評価制度、報酬制度という全体像を把握できた。ただし、日米の人材管理のギャップがありすぎて、全体の統一感は他のシリーズと比較すると欠けている。

<今後の学習方針>
各制度についての理解を深めるとともに、様々な企業のケースを通じて、制度設計の特徴を学びたい。日米のギャップについてもより一層際立って知りたい。

図表5-5

ブログをラーニング・ジャーナルにしている例

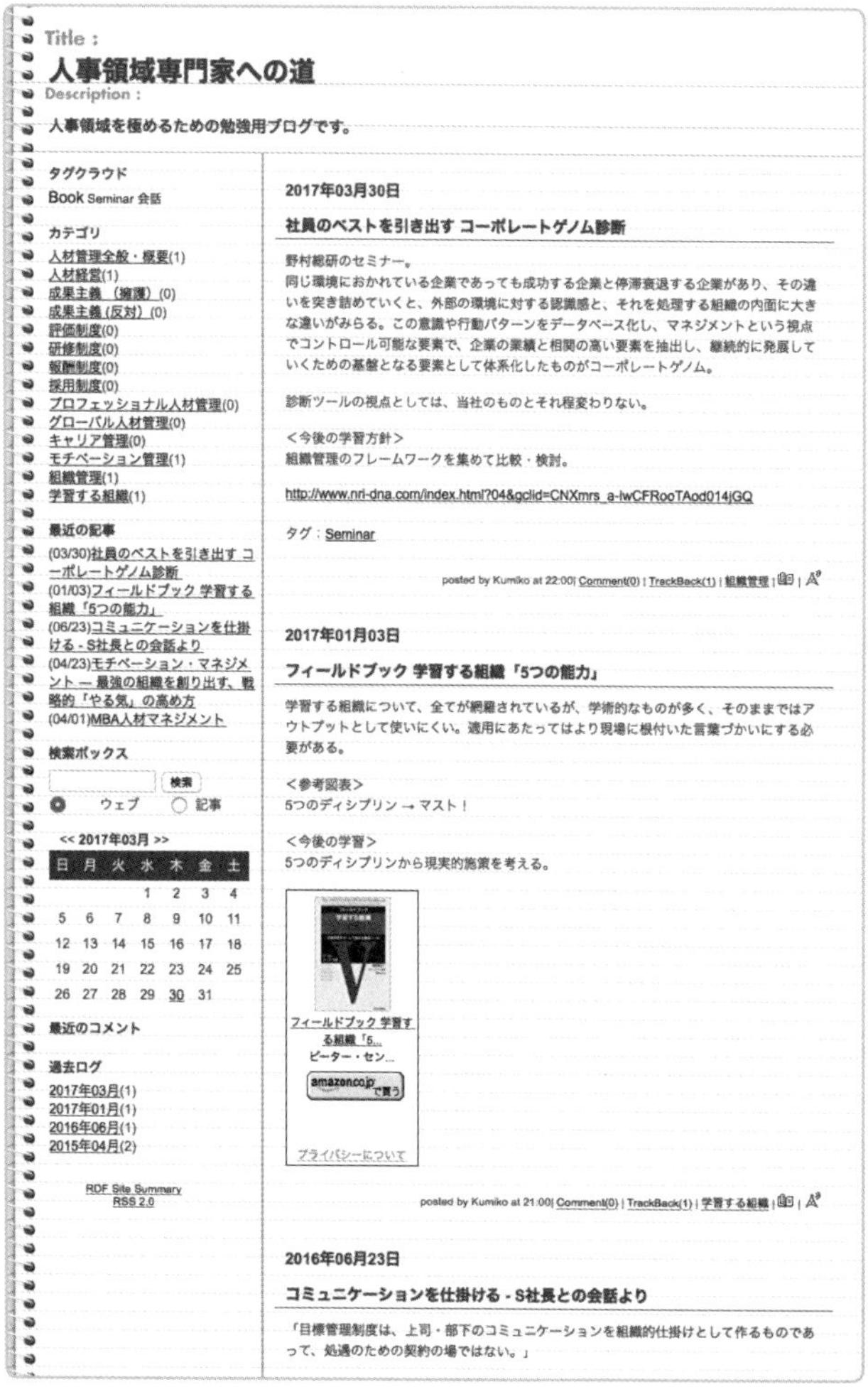

最速で充実するラーニング・ジャーナルの作り方

では、ラーニング・ジャーナルの作り方、書き方について具体的に説明します。

ラーニング・ジャーナルの書き方

Step 1 リスキリング専用アカウントを作る

リスキリング用のアカウントを作成します。実名でも仮名でもどちらでも構いません。実名だと「分かってないと思われたらどうしよう？」など不安に思ったり、かっこよく見せようなどと見栄をはってしまいそうな方は、仮名のほうが自由に書けてよいと思います。

まずは、プロフィール欄に何を目指しているのか、どういうアカウントなのかを記載します。例えば、「ＩＴ転職を半年後に実現する」「ＴＯＥＩＣ９００点への道」「３ヶ月で起業を目指すクリエイター」など、目指しているものが分かる文言や決意表明にするのが効果的です。周囲に宣言することで、モチベーションが自然とアップしますし、同志の方とつながりやすくなります。

Step 2 カテゴリーやハッシュタグを決める

スキルマップを参考に、投稿する記事にどんなハッシュタグをつけるのかを考えて洗い出します。ブログなどの場合にはカテゴリーを決めます。カテゴリーやハッシュタグは、最初はスキルマップのカテゴリーにしておいて、記録していくうちに必要であれば改変しましょう。ハッシュタグは複数つけられるので、思いついたものをつけ加えてもよいでしょう。

例えば「経営」という大きなカテゴリーがあって、そこに「経営計画」「R＆D（研究開発）」「人事」といった枝分かれが発生し、人事領域はそこからさらに「評価」「研修」「報酬」「採用」というカテゴリーに分岐するような感じです。細分化するだけでなく、「グローバル人材」「キャリア」「モチベーション」など、横に派生するカテゴリーを設定して広がりを出せば、より充実したラーニング・ジャーナルになります。

もし特定のカテゴリーだけ投稿数が増えていったなら、必要に応じてそれをいくつかに

分けるといいでしょう。そのほうが、あとで調べるときに便利です。例えば「リーダーシップ」といったカテゴリーだけ記事が百を超えた場合には、そのカテゴリーを「チームビルディング」「コミュニケーション」「モチベーション管理」など、さらに分類するのです。ここは自分のリスキリングテーマによって使いやすいようにアレンジしてください。

Step 3 記録する

語学習得など時間が成果につながりやすいもの、またリスキリングとはジャンルは違いますが、ダイエットや運動など**習慣化が重要なものは時間を記録する**ことで見える化します。たとえばStudyplusなどは、シャドーイング○分、パーソナルレッスン○分、単語アプリケーション○ワード、などと書き込むことでグラフ集計してくれるので継続のモチベーションにつながります。ちなみに私は、エクササイズはアディダスのアプリケーションを使っています。

ラーニング・ジャーナルの中身

リスキリングにおいては、何を学び取ったのか、何ができるようになったのかが重要ですので、**学び取ったこと、つまりL&L（レッスンズ・アンド・ラーンド）を記録することがメイン**になります。コンテンツや、人や実践から学びとったことを記録するコツを紹介します。

①書籍からのL&L

一番簡単なのは、重要なキーワードやセンテンスなどを抜き書きすることです。読んだだけでは後で思い出せないこともありますので、サーチ読み、パラレル読みをしながら重要だと思った箇所は、短くてもよいので蓄積していきましょう。多読をしていくと、どこに何が書いてあったのかをあとから探すのが難しくなってくるので、短い抜き書きでも自分のデータベースとして役に立ちます。

さらに学びの取れ高を上げるには、**書評**を書きます。3行程度の短い書評でもよいのですが、単に「参考になった」「よかった」という曖昧な感想ではなく、**自分の行動やアクションにつながる書き方**にします。「○○をする際にはこの手法を使う」「この3つを実行する」など、その本から得たことを実行に結びつけると確実に取れ高が高まります。

多くの人はせっかく本を読んでも実行しないといわれており、実際に行動に移す人は約1割程度といわれています。いかに本を読んだだけで終わっている人が多いのかが分かりますね。実行に移す1割の人になるためにもラーニング・ジャーナルの働きは大きいといえます。

また、「私のおすすめ書籍ベスト3」「初心者におすすめのベスト3」といった記事を、学習意欲を掻き立てるイベントとして半年や数ヶ月ごとに書き込んでいくと取れ高の再確認にもなります。

②研修やセミナーからのL&L

書籍と基本的には同じですが、研修・セミナーの学びの取れ高の項でも説明したように、「どういう状態を目指して受講したのか」が出発点です。それと比較するように**「受講してみて何が変わったのか」を明記**しましょう。書籍よりも高額を投じるわけですから、投資対効果を明確にする必要があります。

書籍と違い、研修は講師や他の参加者とのワークなどを通じたやり取りが学びを深めます。**自分がした質問と講師からの回答、講師やグループワークを一緒にやった人からのフィードバックなども入れてみましょう。**

研修内容そのものや、テキストなどをSNSそっくりそのままにアップすることは基本的にはNGですが、自分が得られた気づきなどは明文化しておかないと風化してしまいます。これも書籍同様に、研修受講後に実際にどう行動に移すのかを、しっかりと明記しましょう。

③人や実践からの学び

自分が実践したことや、実践している人からの学びは、書籍やテキストのように体系的に整理されてはいませんが、その分実践からしか得られない気づきがあります。これをきちんと学びとして刈り取っておかないと、単に経験しただけにとどまります。同じことを経験しても、実体験からどれだけ学びを刈り取れるかで、学びの取れ高は大きく変わります。

気づきや学びを刈り取るには工夫が必要です。**「どんな状況で」「どんな行動をとったら」「どんな結果になったのか」という3点を明確にする**のです。

この3点セットが揃うと、「では次から何をどうするのか?」という、とるべき行動が明確になります。人や実践からの学びは、分かりやすく直接的に「こうしましょう」ということが示されるわけではありません。自分で目の前で起きたことを整理して学びを得て、次の行動を決めないと、単なる経験で終わってしまいます。

学びの取れ高が大きい人は、書籍や研修から「じゃあ、こうしてみよう」という行動の

状況	行動	結果
新企画のアイディア出しミーティングで	時間が少ないので、会議の冒頭からアイディアを募ったら	アイディアがあまり出ず、出てきたものも質がよくなかった
サイトのトップページリニューアルで	記事の配置を変えたら	ターゲットユーザーから記事を見つけにくいとフィードバックがあり、記事へのアクセス数に大きく差が開いた
お客様から商品のクレームをいただいた時に	焦ってしまい、謝罪せずに、急いですぐに取り替えようとしたら	「謝罪がない。店長を呼べ」と更に火に油を注いでしまった
最終報告会のプレゼンテーションの時に	これまでの経緯は理解されていると思い、説明をしなかったら	初めて出席した人から「このプロジェクトの目的は何か?」とそもそも論の質問をされて雰囲気が悪くなり、報告がしづらくなった
新機能開発プロジェクトで	「あると便利だ」というユーザーの声があったので、緊急で追加開発したところ	実際にはその会社独自のルールによるもので、全ユーザー共通で活用するものではないことが分かった
書籍出版企画で	図版についての確認不足で	差し替えが起きた
新製品のニーズ調査のヒアリングで	表面化していないニーズを聞き出そうと突っ込んだ質問をしたら	「なんでそんなことまで答えなくてはいけないのか」とムッとされた

図表5-6

学びの刈り取り3点セット

状況	行動	結果
申請書を提出してもらう時に	記入と添付物のチェックリストで事前確認してもらったら	記入漏れや提出漏れが減った
イベント開催前に	リマインドを1週間前にしたら	参加率がこれまでの1.5倍になった
お客様が悩んで決めきれない様子だった時に	どんな時に使うのかを聞いたところ「夜中に音楽を聞くので大音量で聞けない」と答えられたので、小さい音量でもはっきり低音が聞こえる製品を提案したら	「良い買い物ができた」と喜ばれて、友人に紹介してくれた
知人の紹介で、これまで縁がない領域の勉強会に参加したところ	懇親会で参加者に質問を色々としてみたら	同じ問題意識を抱えていることが分かり、解決のヒントが得られた
新プロモーションプロジェクトで	最初から開発部門と営業部門の両方に参画してもらったら	営業から出された顧客のイベント情報が、開発・製造にも反映され、タイムリーな企画になり、出荷が昨年比120%になった

Lessons & Learned	Next Action
書かせてみるとばらばらであったり、突っ込んで聞いてみると違うことをイメージしていることがわかる。これを統一していくプロセスは、一見面倒な時間だが、この1時間を惜しんだつけは、のちのち数百時間になって跳ね返ってくると感じた。	意見やビジョンが激しく食い違う状況におけるファシリテーションスキルを身につける必要あり。
「革新的な」とか「適切な」というキーワードでことを片付けてはいけない。「革新的」とはこのケースでは具体的にどういう状態なのかを徹底的に考え抜くべし。その過程で向かうべき方向性や目的の共有化が進む。	
帰納法的に考えたら絶対に無理なことをターゲットドリブンで考えさせることで、不可能と思われたことができてしまった。リーダーとして「できそうなこと」だけをゴールにしてはいけない。ただしリスクマネジメントは不可欠。	
ついつい気心の知れたメンバーばかりでチーム編成しがちだが、意識して違うタイプの人材を1人は含めるようにし、違いを楽しむ。	次回の体制作りのときに実施。
「ポジティブな言葉を使え」とよく言われるが、よい雰囲気、余韻を残して解散して個人ワークに移ることは効果的と感じた。「大変だけど、ここまで進んでよかった」「このリスクが今わかってよかった」など、大変なときこそ、言わなくてはいけないと実感。	
ありがちだが、「伝えたつもり」になりがち。伝えきれなかった自分が悪いと思うしかないが、次にはここまでは自分で確認してね、と徹底しよう。	タスクの確認チェックリストを文書化。
曖昧なキースローガンと受け止められたようだ。シチュエーションが瞬時にイメージされる運営方針を掲げることで「迷ったらこうする」という意識を浸透させるべし。	リッツカールトンのクレドを参考に10カ条にしてみる。
本当に必要なことを徹底的に追求する。大きな文字サイズを指定することで、無駄な文字が自ずとそぎ落とされる。	
人によっては、昇進だったり、スキルを身につけることだったり、仕事で成果をあげることであったり、認められることであったりするが、最後にやり遂げたときに「予想していなかったけど実はこういうのも嬉しかった」というおまけをつけられるように育成したいと感じた。	「やる気が出ないときに読む本」を読む。
学んだこと感じたこと	次回への教訓 etc.

図表5-7

L&Lのまとめの例

Category	Who	Action/quotation
ビジョンの共有	自分	プロジェクト準備段階で、各メンバーに「このプロジェクトはどういう状態になったら成功といえるか」「自分はそのために何をすべきか」を書かせた。
ビジョンの共有	Kさん	言葉の定義を追求する。ビッグワードは使わない。
既成概念の打破	Kさん	「このタスクは4週間の見積もりです」と持っていったら「じゃあ、2週間にして」。結果的には、できてしまった。
既成概念の打破	Iさん	リーダーが現状打破の精神を燃やし続け、時代感覚に富む若手に未来を託すだけの度量を持てれば、なかなか大企業病にはかからないものだ。
行動しやすい環境作り	Tさん	ミーティングを必ず前向きな言葉、成果の確認で終了する。
既成概念の打破	Sさん	メールでタスクをふらない。背景や前工程、後工程、コンタクトすべき人物をできるだけF2Fで伝える。タスクの完了状態を本人から言わせる。
既成概念の打破	自分	プロジェクトチームキックオフにて、チーム運営方針を自分の言葉で提示した。
既成概念の打破	Aさん	作った資料をまず半分の厚さにする努力をし、そしてそれをさらに半分の厚さにしてみるべし。大きな文字でポイントだけ伝えるべし。
メンバーの動機付け		やる気の源を一人ひとり把握できるまで話す。
カテゴリー	当事者	行為、結果

仮説を導き出し、それをすぐにやってみて検証します。そして「なるほど、こうするとこうなるんだな。じゃあ、次はこうしてみよう」と次の仮説を導き出し、またやってみて検証するという、**仮説・検証のサイクルを素早く繰り返して自分のものにできる**人なのです。

多くの場合には「やってみた（理由不明）」で終わってしまいます。上手くいった場合も、上手くいかなかった（以上）」「やってみたけど、上手くいった・上手くいかなかった場合も、まずは図表5－6のように「状況・行動・結果」の3点セットで検証結果を整理します。これらを蓄積してから、「じゃあ次はどうする?」ということを決めて、ラーニング・ジャーナルに記録しましょう。

人から学ぶ場合も同様に、目の前で起きたことや、その人がやっていることからの学び取りが必要です。図表5－7のようにその人がやった行動を整理し、自分が学び取ったことを明確にしたうえで、次の行動を決めて、また検証する。このように仮説・検証のサイクルをどれだけ早く回して学びの取れ高を上げられるかが、リスキリングの成功に関わってきます。

スキルセット前半「概念の理解」「具体の理解」のまとめ

「概念の理解」「具体の理解」がどの程度深まったか、その目安はどれくらいラーニング・ジャーナルのコンテンツが充実してきたかで判断することができます。

ラーニング・ジャーナルにアップされているということは、少なくともその情報は、複数回自分の頭の中を通過させたということ、そして仮説・検証のサイクルが回っているということの証になります。

できるだけ早く、確実に、膨大な情報をインプットして自分のものにすることが求められる「概念の理解」と、実践からの学びを深める仮説・検証が重要な「具体の理解」では、ラーニング・ジャーナルが本当に役立ちます。

ラーニング・ジャーナルの蓄積が学習の証

どこまで蓄積するのかはテーマによって変わってきますが、**自分以外の人がその分野について学ぶ際に参考になるかどうかというのを1つの目安にする**とよいでしょう。リスキリングに成功している人は、そのスキルの再現性がある人です。再現性があるということは、他の人にもそれが使えるということにもなります。

誰かに「このスキルを身につけたい」と言われた時に「私はこうやって身につけたよ。参考までに読んでみて」と言えるくらいを目指すのです。

こうやって蓄積し、習得したことは、長きにわたって自分をサポートしてくれる力強い武器となってくれるでしょう。私もつらい状況になったときなどにラーニング・ジャーナルを見返すなど、「これだけやってきたから大丈夫」と自分を励ますものとしても使っています。**到達レベルを知ることに加え、自分を励ますものでもある**と思ってラーニング・ジャーナルを蓄積していきましょう。

Chapter6

スキルセット変革編

「体系の理解」と「本質の理解」

ここからの「体系の理解」「本質の理解」はアウトプットのステップです。仕事で高い価値を出すために求められるのは、深いインプットに基づいた応用力です。どれだけ実践に適応できるのかが鍵となります。

「概念の理解」と「具体の理解」が一通り済めば、とりあえずは新しい仕事に就くことができるかも知れません。でも「新しい仕事に就けたから、ここでリスキリングは終了」としてしまうのは「稼ぐ」という観点では惜しいのです。自分が習得したことを深く掘り下げ、バリエーションを広げて、自分の強みを確立していく。そういった視点が大切です。

このステップでは色々な方法で場数を踏んで、稼ぐ力を高める方法を紹介します。なお、ここではスピードはあまり重要ではありません。そもそもこれらのステップには「ここまでやれば終わり」というゴールがないので、速さを求めても意味がないのです。

また、このステップに入って初めて、ビジネスパーソンとしての「できる」「稼げる」能力が醸成されることになります。「体系の理解」「本質の理解」を成し遂げた勢いで、ぜひこのステップに進んでください。

図表4-1

スキルセット変革の進め方（再掲）

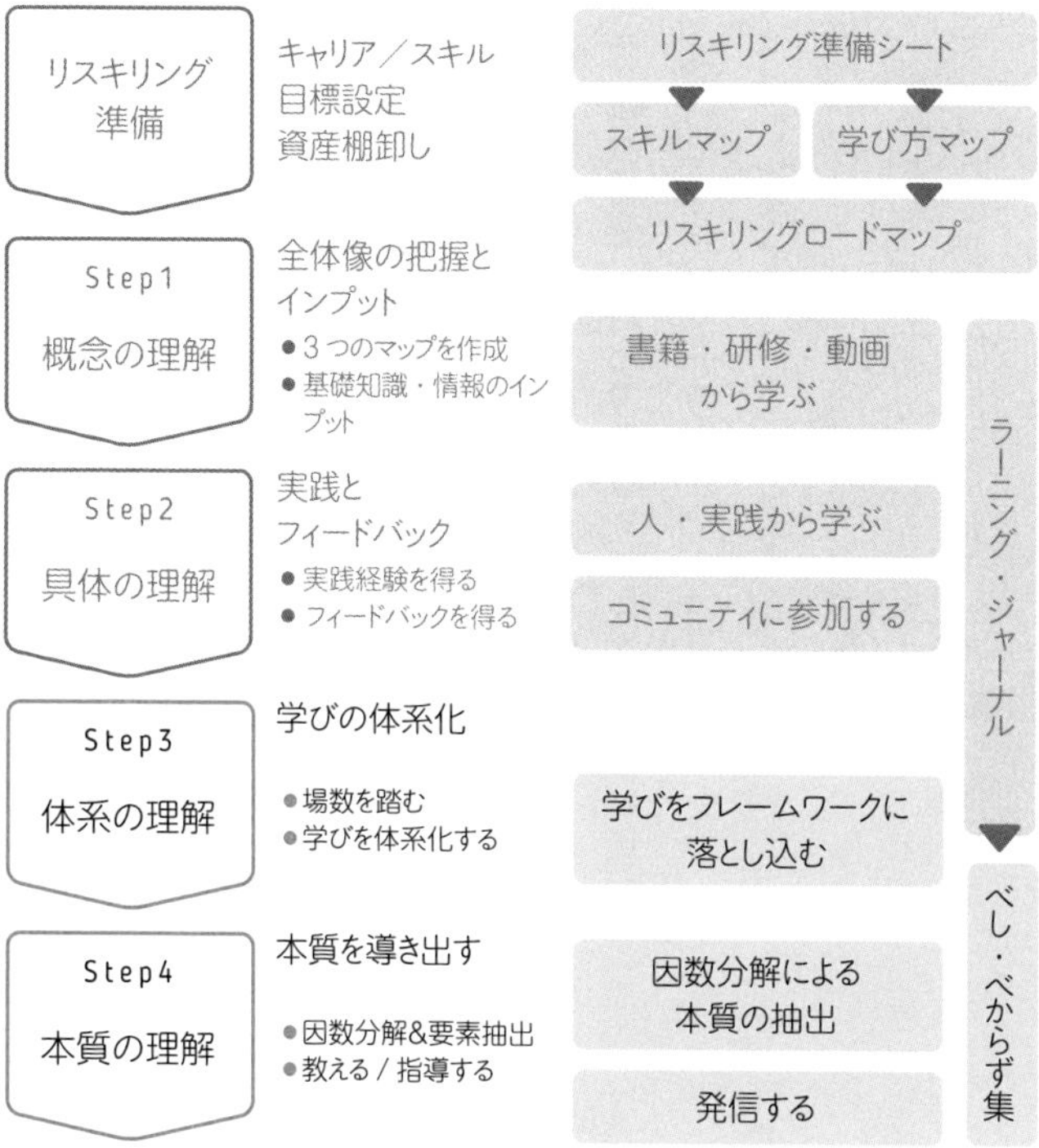

「体系の理解」と「本質の理解」で目指すこと

スキルの再現性を高めるために、より広く、深く醸成する

そのスキルをとりあえず使ったことがあるという経験レベルが「具体の理解」ですが、そこから進んで、**臨機応変に対応できるレベルが「体系の理解」**です。目の前に提示された仕事を「できるかどうか分からない」という状態ではなく、自分が持っているスキルで「こうすればできる」と断言できるレベル、つまり**再現性が高いスキルが身についているレベル**が「体系の理解」で目指すものと考えてください。

仮に就職のための面接を受けると想定してみましょう。「具体の理解」までの場合では「こういう仕事をやったことがあります」という経験レベルでしか説明できません。「体系の理解」まで到達していれば、「私は○○のスキルが強みで、それを活用して○○

を実現することができます。こういうリスクがあることが想定されますが、その場合には○○することによって対応できます」と再現性の高いスキルを持っていることや、そのスキルを活用・応用して成果をあげることができるということを伝えやすくなります。

私は多くの方の面接をしますが、単に経験レベルで話す人だと不採用にすることもあります。体系化して裏打ちされたものが感じられないと、新しい環境や難しい仕事に直面したときに対応できるのかがイメージできないからです。「この人は経験や体験から得た学びが広く深い」と思えなければ採用できないのです。

人事評価の際も同様です。外資系企業では、実績評価だけでなく、能力評価がセットになっている人事制度が多いです。能力評価では「そのグレードで求められる成果を出すことができる再現性の高いスキルを持っているかどうか」が評価されます。これは、業績がよかったとしても、「たまたま上手くいきました」という状態ではなかなか昇進させてもらえないということを意味しています。

まず、再現性の高い能力を持っているかどうか、次にそれを活用して成果をあげ続けられるかどうかを見られているわけです。つまり**自分が体得したやり方を体系化して相手に分かるように示す必要があります。**

「自分の会社ではそんな評価はされないから大丈夫」と思われるかもしれませんが、今後、日本企業でもどんな能力やスキルを持っているかが雇用の決め手になる流れは強まります。「ジョブ型雇用」という言葉を聞いたことがあるでしょうか。これは職務に適したスキルや経験を持つ人を採用する雇用方法です。企業にとって必要な職務に応じて、職務を実行するために必要となるスキル、経験、資格などを持つ人材を採用する雇用方法です。

ジョブ型雇用は多くの企業が取り入れ始めており、広がっていくことが想定されます。雇用されるためには、自分にはどんなスキルがあるのかを証明することが求められます。そして体系化しておかなければ、証明しづらいのです。

オリジナリティを確立する「本質の理解」

リスキリングの総仕上げ「本質の理解」では、「オリジナルの価値を生み出せる」レベルを目指します。学びの重要なエッセンスを人に伝え、教えられるレベルまで、本質を見出します。また、それを明文化し、オリジナルのスキルとして確立します。

ここで本質とは何かを定義すると以下のようになります。

本質的 ＝ 普遍性 × 単純性

「普遍性」とは「あらゆる物事に共通してあてはまる」という意味です。「この場合はこうする」「あの場合はこうする」ではなくて「ここは共通」という押さえどころを見出すことです。

「単純性」は文字通りシンプルであるということです。私は「この仕事で重要なことや成功要因は何ですか？」と聞いたときに「色々あって……」と長々と話しはじめたり、「ケースバイケースです」と答えるような人は、まだ本質に辿り着いていないのだなと解釈します。

昨今のテクノロジーやＡＩなどの進展により、誰でもできる仕事というのはどんどん減ってくることは自明です。**自分にしか出せない価値は何かをしっかりと認識して、オリジナルスキルとして確立**しておかないと、せっかくリスキリングしたのに、またすぐに次の仕事に向けてリスキリングが必要という事態になりかねません。

もちろん、マルチステージが必然の人生１００年時代ですから、一生の間に何度かリスキリングすることは求められるでしょう。ただし、１つの領域でどれだけ高みに登れるのか、自分のオリジナルの価値を出せるのかは稼ぎに大いに関わってきます。

「体系の理解」のレベルでも稼ぎ力としては十分ではありますが、**他者と違うオリジナリティを見出す「本質の理解」まで学びを進めることができて初めて「この仕事は彼（彼女）に任せよう」という域に達します。**

「エンプロイアビリティ（employability）」という言葉を聞いたことがあるでしょうか。これは「雇用され得る能力」のことで、Employ（雇用する）とAbility（能力）を組み合わせた言葉です。転職できるための能力や雇用され続ける能力を示しています。エンプロイアビリティが高いと、異動・昇進、転職・再就職の際に有利になります。

どんな状況にでも対応できる再現性とオリジナリティを兼ね備え、それを人に伝達できるレベルにまでスキルを高めれば、エンプロイアビリティは非常に高いものになるでしょう。そのために必要なステップが「体系の理解」「本質の理解」です。

「体系の理解」と「本質の理解」でやること

では、この2つのステップで具体的に何をするのか概要を説明します。まず「体系の理解」では学んできたことや実践から得たノウハウを「フレームワーク」としてまとめていきます。フレームワークとは情報を整理する「枠組み」のことです。

例えば、ＰＤＣＡ（Plan-Do-Check-Action）、３Ｃ（市場－競合－自社：Customer-Competitor-Company）、ＱＣＤ（Quality-Cost-Delivery）などはフレームワークの一例です。こういったフレームワークのいくつかは聞いたことがある、あるいは使ったことがあるという方もいるでしょう。

学んだことや考えたことを抽象化し体系的なフレームワークとして整理することで、様々な局面で物事を捉えやすくなり、スキルの再現性が高まります。

情報を整理して認識するためのフレームワークを持っていない人は、何かに取り組む際に、毎回違うパターンと認識してしまい、その都度ゼロベースから取り組むことになります。そのため効率が悪く、ミスや失敗が多くなりがちです。

状況に左右されることが多いということは、持っているスキルの再現性が低いということです。様々な局面で「あ、これはつまりこういうことだな」とフレームワークを使ってパターン認識ができれば、対応も成果につながりやすい確実なものを選ぶことができるようになります。これがフレームワーク思考です。

図表6-1

フレームワーク思考

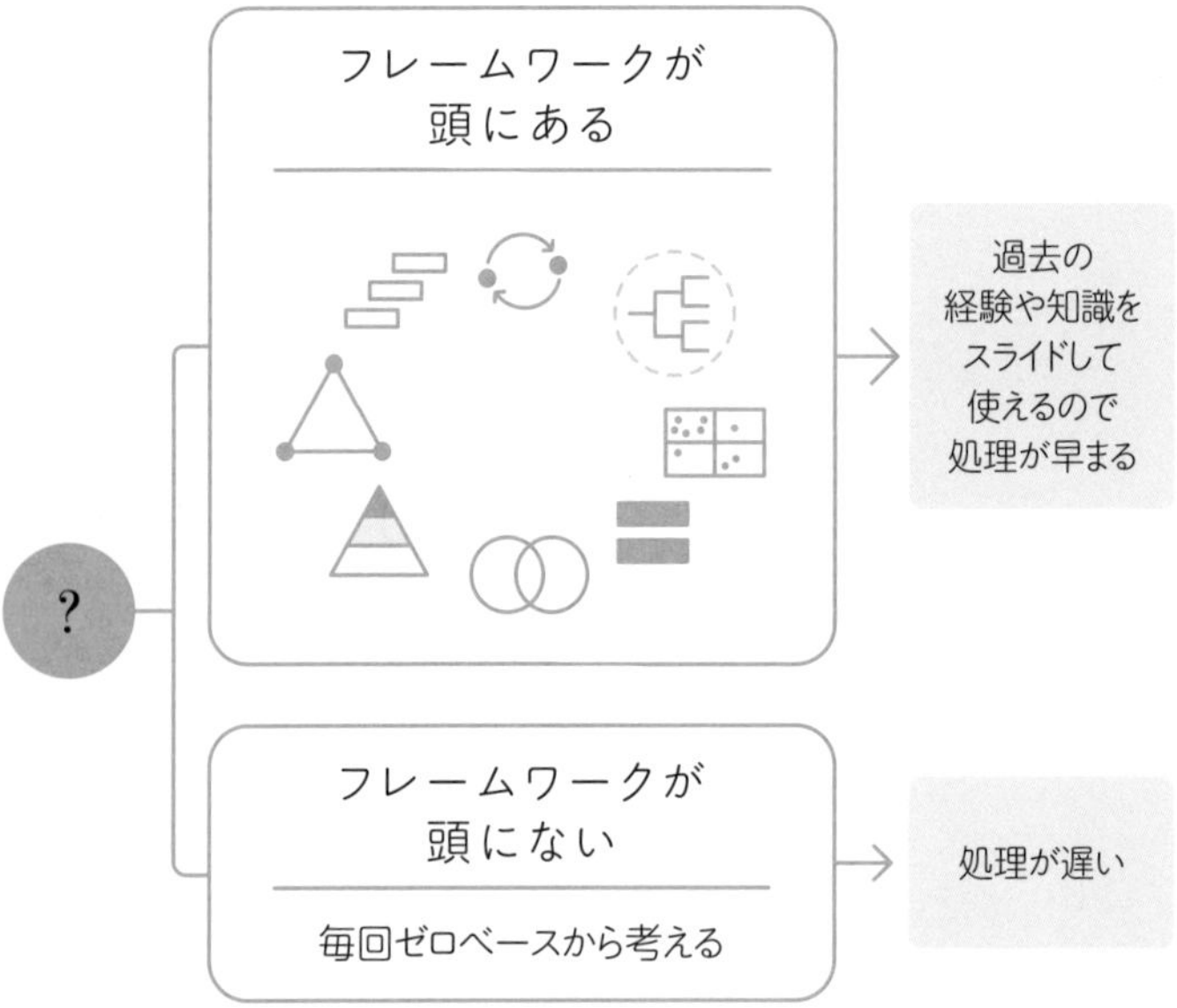

フレームワークから勘所を導く

次の「本質の理解」では、その仕事やスキルにおいて重要なことや外してはいけない勘所を導き出します。**体系化されたフレームワークから、さらに重要なことは何かを抜き出し、伝えられるレベルに昇華させる**のです。昇華とは、より価値の高いものに変化させるということです。体系化されたものの価値を、さらにその良さが分かるように伝えられるレベルまで高めます。

フレームワーク思考ができるとどうなるのか？

フレームワークという言葉は、もともと、コンサルタントや経営学者が、事業や仕事の効率化を図るために、効果的な手法としてまとめたものを指します。**情報を整理し、効率的に仕事を進めるためのもの**ですので、リスキリングにおいても、大いに活用したいところです。

フレームワーク思考を使うと、具体的にどんなふうに仕事のやり方が変わるのかを見てみましょう。

仕事の生産性があがる

1つの仕事ができたとき、その**成功要因や失敗要因を突き止めたうえで、フレームワー**

クにまとめておくと、次の仕事がスムーズにできるようになり生産性が上がります。バタバタと常に忙しいという人は、毎回同じようなミスをしたり、同じようなことに都度時間を取られていることが多いのです。

私は生産性向上のコンサルティングもしていますが、長時間労働に陥りがちな人は、仕事を体系的に整理する習慣がなく、いつも突発的に起こる出来事に振り回されています。**突発的な出来事というと避けることができないような気がしますが、実は違います。**一度そういうことが起きたときに、「次は何をしたら防げるのか?」を突き止めて、「じゃあ、次はこうする」と整理しておけば防げることが多いのです。次々と起こる出来事をパターン化して対処方法を決めておくということは、つまり体系的にまとめるということです。場当たり的に仕事をしている→時間がかかる→やり方を見直す時間がない→また同じ事態に陥る……このような負のサイクルから抜け出す意味でも、フレームワークで体系化しておくことは有効です。

仕事の飲み込みが早くなる

フレームワークは、ある事象を抽象化して、色々な場面で使えるように、汎用的にまとめたものです。つまり、ある領域やシーンにだけ効果があるのではなく、それを応用することで、他の領域やシーンにも使えるようになるのです。

よく「どんな仕事をやっても飲み込みが早い」といわれる人は、物事を整理して自分のものにするスピードが速いのです。抽象化・汎用化ができる人は、経験したことについて、「今、自分が経験したことは、きっとこういうことなんだな」「この領域でもやっぱりここははずしちゃいけないポイントなんだろうな」という勘所をはずしません。そのため、飲み込みが早いのです。**人から教えてもらうときも、その教えをそのままなぞるのではなく、一旦整理して、「つまりこういうことなんだな」と抽象化して理解**するので、応用ができます。

逆に、飲み込みが遅いといわれる人は、自分が経験したことや教えてもらったことの勘所をつかみ取ることができず、次にやるときもそのままを猿真似しがちです。自分で「この場合はどうしたらよいのか」という応用が考えられず、「これだけやれば大丈夫！」という本や教えに走り、ますます「考えずに実行する」というパターンが定着してしまいます。

フレームワークでまとめて、考えることを習慣にすれば、新しいことを身につける時にも、ゼロベースで始めなくてよいので、仕事の飲み込みが早くなります。

仕事を人に任せられる

自分の見聞きした知識、考えや経験をフレームワークや勘所としてまとめておくと、それを人に伝えて、再現性の高いスキルを他の人に移転することができます。

忙しい人の中には、「(自分の仕事を) 人に任せられない」という人がいますが、なぜ任せられないのかを分析したほうがよいでしょう。任せられなくてもよいのは、その人のスキルが本当に高くて、他にできる人がいない場合です。任せられないのがよくない場合は、自分が仕事のやり方を明文化できていないために、誰かに任せようにも任せられないという状態です。自分が何となくこなしているだけで、人に任せられる状態になっていないわけです。

その仕事の本質を人に伝えることができれば、例えば部下に仕事の近道をさせ、成長の加速をサポートすることができます。自分のスキルや知識を他の人と共有し、仕事を任せることで、自分は他の仕事、ワンランク上の仕事をすることができます。**自分の仕事の幅を広げたり、高めていくことにつながります。**

このように、日々の仕事においても役立つことが多いので、「体系の理解」「本質の理解」には是非とも取り組んでいただきたいと思います。

「体系の理解」「本質の理解」は勢いでできる

「体系の理解」「本質の理解」というと、いきなりハードルが高くなったように感じるかもしれませんが、そんなことはありません。実際は「概念の理解」「具体の理解」からほんの少しの努力で大きく前進できるのです。

ここから先は、「まだ先があるのか。大変だ」というより**「あとほんの少しの努力で今までの努力が何十倍にもなる。今までもったいないことをしていた」**という感覚で捉えてみましょう。また、実践を重ねるうちに応用力が累積効果を生むので、学びの取れ高が最も大きくなるステップでもあります。

しかし、ここで日々の仕事に追われるだけになってしまって、様々な状況の中で学んだことを体系化しない人が多いのが実情で、差が開いてくるステップともいえます。**抽象化・汎用化を意識して、学びの取れ高を上げていきましょう。**

「体系の理解」プロとして「できる」レベル

多くの人が「体系の理解」まで学びを進めない理由

重要なステップであるにもかかわらず、多くの人は「体系の理解」まで到達できません。ビジネスパーソンにとって**「リスキリングが本当に成功した」と言えるかどうかの一番の壁がここ**なのです。

時間がない中で新しい知識を覚え、試行錯誤をしながら「やってみた」「ああ、できるようになった」「もう、わかった」「仕事も忙しいし、もうこれでOK」。そう言って学びを終えてしまう人が圧倒的に多いのです。『体系の理解』まで来られない」のではなく「来ない」のです。実にもったいないといえます。

確かに「具体の理解」まで来れば、新しい仕事の経験はできているので、ある程度の満足感や達成感は得られるでしょう。理解できているかといわれれば「一通り分かる」レベルであり、何かできるかといえば「やったことがある」というレベルです。でもここで終わってしまえば、どれだけ頑張っても単なる「経験者」で終わります。

「体系の理解」まで進まない理由の多くは、「日々忙しいから」です。ここであえて厳しい言い方をすると、**「忙しいから体系化ができない」のではなく、「体系化できていないから忙しい」**のです。

自分の仕事や業務を体系的に整理せずに日々こなしている状態は、本当に生産性が高いとは言い難いでしょう。体系化をすることにより、無駄ややり直し、ミスがなくなるため、オペレーショナルエクセレンスにつながります。

例えばスクールなどに通って、他の受講生と同じように一斉にスタートして一通りできるようになったとしましょう。その中でリスキリングを成功させキャリアアップできる人は、ここで手を抜かず独自の強みを身につけることで、収入アップにつなげたり、キャリアをよりよいものにしている人なのです。

「体系の理解」は収入を上げるためのステップ

会社を辞めて独立して働いているフリーランスの方々から、「どうやって（自分の仕事の）単価を上げるのでしょうか？」という相談を受けることがよくあります。これを交渉術の問題と考えて「単価を上げるための交渉テクニックを教えてください」という方もいます。

でも実は交渉の前にやることがあります。それはプライスリスト作りです。**自分のスキルや提供する価値やアウトプットにどういうバリエーションがあって、いくらなのか**というリストです。これがないまま交渉には臨めません。

そして、このリストを見た交渉相手が、自分の提供する価値が他者と比べてどれくらい高いのか理解できる必要があります。そういったプライスリストがない、またはプライスリストから高い価値を相手が実感できないと、安く買い叩かれて不本意な仕事をすることになってしまうのです。

会社に勤務するビジネスパーソンも同様です。「自分はフリーランスじゃないからそこまでは必要ない」と思うかもしれませんが、**自分の能力や強みを明確にアピールできれば、**

新しい仕事のチャンスが増え、異動、転職など機会が広がります。ひいては**収入アップ**につながるでしょう。「体系の理解」は、仕事を「他の人と同様にこなせる」レベルから「自分のやり方でできる・稼げる」レベルに変えていくステップなのです。

リスキリングを始める人は、稼げるようになりたい、今より高いスキルを身につけて収入を上げたい、キャリアアップしたいと思っているでしょう。あるいは自分に成し遂げたいことがあって、それを実現するために始めるという人もいるかもしれません。そういった強い意志で始めたのに、**もっと稼げるようになる直前で、忙しいからと自分でブレーキを踏まないようにしましょう**。

自分の中の学びをより高めたい、価値あるものにしたいと、ほんの少しの努力をするか否かが「あなたにお願いしたい」と選ばれる人と、過当競争に巻き込まれる人を分ける境目となるのです。

「フレームワーク思考」とは何か

先ほど「フレームワーク思考」という言葉をご紹介しましたが、この言葉には2つの意味があります。1つは**学んだこと、得たことを整理する**ということ。そしてもう1つは、**新しく入ってきた情報をフレームワークで整理して判断する**ということです。

1つ目の学んだことを整理する例として、マーケティングの仕事に就くために勉強している場合を考えてみましょう。

これまでに学んだマーケティングの潮流や、マーケティング戦略策定の手順、競合の戦略や勢力図など得た知識を、フレームワーク（型・パターン）にあてはめて整理していきます。フレームワークに整理する段階では、ラーニング・ジャーナルのキーワードから今一度書籍や研修テキストに戻る必要もあります。思い出したり、読み直したりしないと書けないことも少なくないからです。こうして何度も情報に触れるうちに頭が整理され、知識も定着します。

もう1つの「新たな情報をフレームワークで整理して判断する」ということを考えてみましょう。

目の前の状況から読み取れることを「これは4PのPlaceのことを言ってるのだな」「今起きていることは、チームビルディングの2ステップだな」と、まずフレームワークにあてはめます。するとパターンが見えてきて次の一手を考えやすくなります。フレームワークは情報を整理する枠組みではありますが、それで終わりではなく、「じゃあ、次にどうする?」とパターンもセットで考えるものが多いので、自ずと次の一手が見えてくるわけです。

自分の考えや情報をあらかじめフレームワークで整理しておくことで、新たな事象に直面しても、それが何を意味しているかが理解できるので、**次の一手が素早く確実に打てるようになる**。これがフレームワーク思考の意味するところです。

フレームワークは作ることに意味がある

「自分は誰かを指導したり、研修講師になるつもりはないんだから、フレームワークなんて作ってもしょうがない」と思われる方がいるかもしれません。

しかしフレームワークは、自分で整理したりカスタマイズして作り上げることに意味があります。なぜなら、**作成の過程で自分の理解が足りないのがどこなのかがわかる**からです。フレームワークで整理する行為自体が、これまで学習したことの復習にもなるので、学びの取れ高が上がります。

また、「具体の理解」までは誰かが体系化した知識や人の見識を取り入れることが主目的ですが、そこで終わってしまうとオリジナリティが生まれません。自分だけの価値、自分だけのバリューが生まれるのは、その先のステップです。

フレームワークを作るかどうか、さらに次段階の「本質」を作れるかどうかが、リスキリングの成果を左右する分かれ道であり、力の差がつくところでもあるのです。

誰でも「できる人」「声がかかる人」になれる

このようにフレームワークで整理し、フレームワークを作り続け、自分の頭にインストールしていくと、物事を整理し、何かを導き出す思考の枠組みが頭の中にいくつも構築されます。

例えば人の話を聞いていて、一見脈絡がなく思えても、整理のフレームワークが頭の中に思い描かれ、断片的な情報を的確に整理できるようになるのです。「ふむふむ、なるほど、この人は営業活動におけるクロージングのことを言ってるのだな」など自分のフレームワークにあてはめて、その情報を吸収できます。それがないと「この人の言ってることは意味が分からない」と学びの取れ高が低くなります。

リスキリング・サクセス体験記ケース⑥の後藤さんは、27回ものジョブチェンジをしました。そのなかで得た自分のリスキリングの秘訣として、フレームワークに落とし込むことの重要性を話していました。知見をまとめて定着させ再現性を高める。そして発信することでフィードバックループを回して精度を高める。その結果「○○の人」というラベリングがなされて様々な声がかかり一流となる、という一連の流れを生むために、このフレームワーク思考が重要な役割をはたします。

フレームワーク思考を身につけることが、リスキリングの効率をよくし、そのあとの仕事の獲得や成功にもつながります。**自分の中でフレームワークを多数ストックしておき、どんな状況が来ても、いずれかにあてはめて、そこから解決の糸口を探る。**これができるようになれば、スピーディかつ良質なアウトプットが可能になり、プロとしての価値が生まれます。

フレームワーク思考は、新しいことを学ぶことにも有効です。新しく何かを学ぶ際にも、もともと持っているフレームワークにあてはめることで、キャッチアップのスピードを高め、素早く「本質の理解」ができるようになるのです。

コンサルタントは50個以上フレームワークを熟知し、目の前で起きた事象に対して、分析したり、解決策を考えるのに相応しいフレームワークを瞬時に選べなければならないといわれています。しかし、コンサルタントでなければ自分の仕事に関わるものを3～5個くらい使える武器として習得し、あとは都度新たな仕事に就いて学ぶ際に増やしていけばよいと思います。

フレームワーク活用のステップ

では、フレームワークの活用ステップについて説明します。

①テーマを決める

最初に整理したいテーマを決めます。

「問題解決のフロー」「事業開発のＰＤＣＡ」「○○業界俯瞰図」「要件定義の進め方」

「○○業務に求められるスキル」「営業戦略会議の進め方」などといった、リスキリングするうえで必要となる知識やスキルのテーマです。

②参考とする既存のフレームワークを選んで整理する

ゼロからフレームワークを自分で作り出すのは大変です。そこで、そのテーマを整理するのにふさわしい、**参考になる既存のフレームワークを探します**。それを手本に、自分が学んだことを整理してフレームワークに落とし込みます。

291ページから、リスキリングの際に参考になる代表的なフレームワークのパターンをまとめておきましたので参考にしてください。

③実践から得たことを反映しブラッシュアップする

自分で作ったフレームワークは、機会を見つけてどんどん使っていきましょう。そして、そのフレームワークは、一度作成したら完成というものではありません。

そのフレームワークで**実践して得られた気づきや、さらに特筆すべきことなどがあれば、どんどん反映して進化させていきます**。

④発信・共有して認知される

フレームワークは作って進化させるだけではなく、自分から発信したり、チームメンバーなどに共有していきます。**人に見せるとフィードバックが得られるため、どんどんブラッシュアップされていきます。**

こうしたフレームワークを発信・共有することで「○○といえば、△△さん」とその道の第一人者として認知されます。

フレームワークのオリジナリティがプロとしての個性になる

フレームワークは「自分らしさ」が大切です。最初は自分で整理したフレームワークが、よくあるフレームワークと同じようなまとめ方になっているかも知れません。でも、自分が得た知見を反映していくうちにオリジナリティや深みが出てきます。「**その人の価値**＝**その人の個性**」です。初めは真似から学んでも、自分の勝てるスタイルを持つことを意識しましょう。

フレームワークで仕事のやり方などを説明する際に、「この部分は一般的な考えと同じですが、自分としてはこちらの部分が一番外せないポイントで、具体的には……」など自分の知見を踏まえて説明できると、実践的なスキルを持っていることの証明にもなり、他の人と差別化しやすくなります。

複数視点で作り、共有する

フレームワーク化する時に覚えておいてほしいのが、**1つ作って満足せずに、いくつかの切り口から複数作ってみる**ことです。同じ事象でも異なる側面から見ると、違った考察が可能になります。それに、いくつか作ってそれを組み合わせたほうが、相乗効果が期待できるのです。

例えば、業界キープレイヤーの勢力図をまとめる場合。業界の現在の状況は「集合」テンプレート（291ページ参照）や「位置」テンプレート（294ページ参照）でまとめ、「発展」テンプレート（295ページ参照）で業界の発展史などをまとめる、という具合です。複数視点で作れば、理解が深まるだけでなく、目的に応じて使い分けることができます。

そして**作成したら、他の人に見せたり、説明を繰り返すことでどんどんブラッシュアップ**していきましょう。私は、コンサルティング会社時代の上司から、自分のフレームワークについて「少なくとも5人、できれば10人以上に説明して通じるかどうか検証するように」と指導を受けました。

私が講師をする研修の中でも、受講生に学んだことをフレームワークとしてまとめてもらい、お互いに共有するように指導しています。視点の違いなどに気づくことで、さらに学びが深まるからです。「このレベルで見せてもよいのだろうか？」と躊躇する気持ちも理解できますが、見せることでスキルアップが加速すると考えてみましょう。

テンプレートを使えば「オリジナルフレームワーク」が作れる

では、具体的なフレームワークの作り方をご紹介します。一見難しそうに思えますが、様々な事象を表現する既存のテンプレートを使えばそれほど難しくはありません。自分がまとめようとしている事象にマッチするテンプレートを選び、整理した情報をあてはめていきます。

次ページからご紹介するテンプレートは、実際に私がよく使っているもので、プレゼンテーション資料作成研修の中でも紹介しているものです。資料作成も、自分が理解していないと図解できないですね。これと同様に、**学んだことを整理できていないと、フレームワークに整理できません**。つまり、整理できていれば、自ずとそれを表す方法は決まってくるということです。

どういうことを表現したいときに、どのテンプレートを使うのかを、ご紹介していきます。

図表6-2

要素を整理する「集合のテンプレート」

集合のテンプレートは、その仕事において重要な要素や概念を整理するものです。特に新しい概念については文字情報だけで理解したり、説明するのは難しい場合が多いので、視覚的な図になっているとわかりやすいでしょう。

集合のテンプレート

並列関係　**重複関係**　**包含関係**

CSRからサステナビリティへ

CSR　**サステナビリティ**

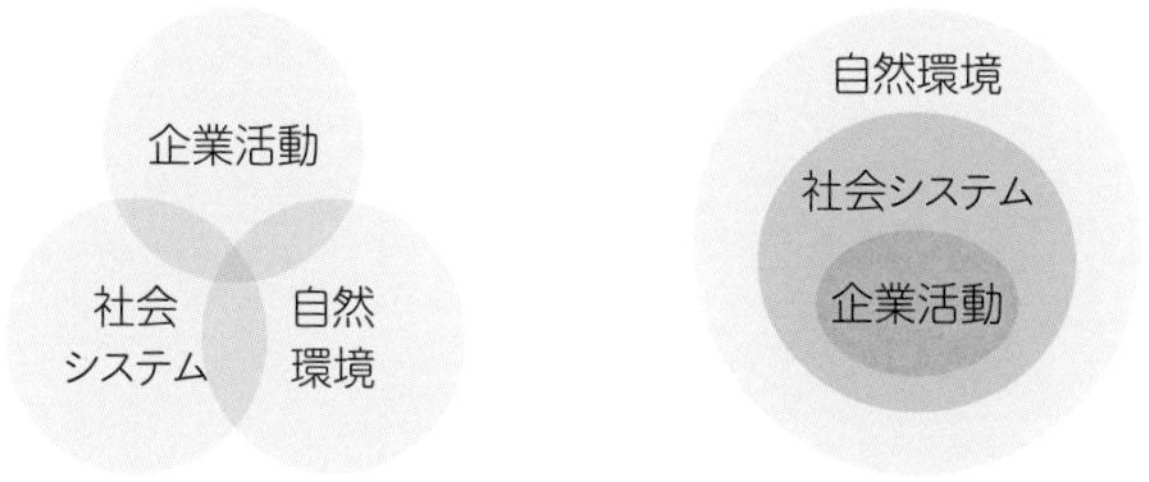

それぞれが別々に存在し、関連する領域に配慮しなければならないという考え方。自然環境と社会システムと企業活動はトレードオフの関係。

自然環境や社会システムの中で企業活動を長期的に持続させるという考え方。企業にとって自然環境や社会は前提条件であり、適切に対応すべきもの。

店舗運営手順

企画	仕入れ	店舗運営	集客	販売	アフターサービス
本部での年間計画 店長と売り場責任者による月間計画	定番商品の発注計画 季節・キャンペーン等の発注確定	棚割り マーチャンダイジング 売れ筋分析 接客指導	チラシ、SNSなどを用いた販促 フェアなどのイベント企画・実施	接客 リコメンドの入れ替え 店頭在庫管理	購入者へのフォローメール送付 アンケートの実施

営業戦略会議のステップ

アウトプット	プロセス	アウトプット
得意先プロファイル 内部情報 企業情報 業界情報	**1. 得意先理解（5分）** 企業、業界情報から得意先のビジネスと取り巻く環境を理解する。 **2. ニーズ抽出（20分）** 内部情報、外部情報を整理し、ニーズを抽出する。	得意先ニーズリスト
商材マップ	**3. 商品・サービス選定（25分）** 抽出ニーズを満たす、商材、企画等を検討し、案件化をはかる。	案件候補リスト
キーパーソン情報 組織図	**4.営業計画策定（10分）** 攻略計画、関係構築計画を策定する。	営業計画

図表6-3

進め方や手順を表す「手順のテンプレート」

何かの仕事の進め方を理解して整理することは、リスキリングするうえで基本となります。「〇〇の進め方」「〇〇のステップ」など、進め方や手順を整理するときには下記のようなテンプレートが参考になります。

手順のテンプレート

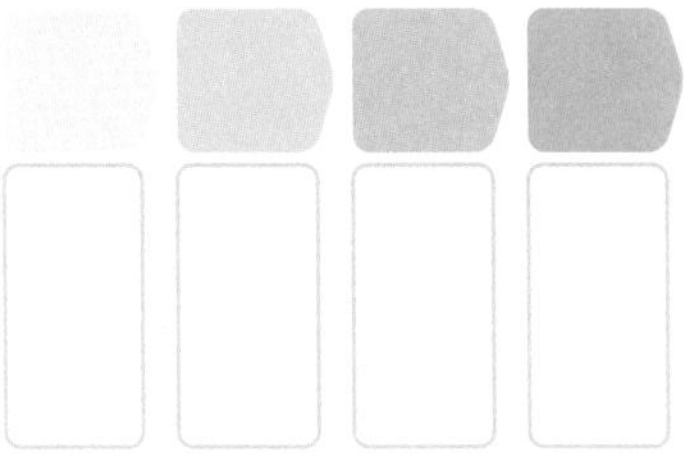

ロジカルシンキングツールと活用シーン

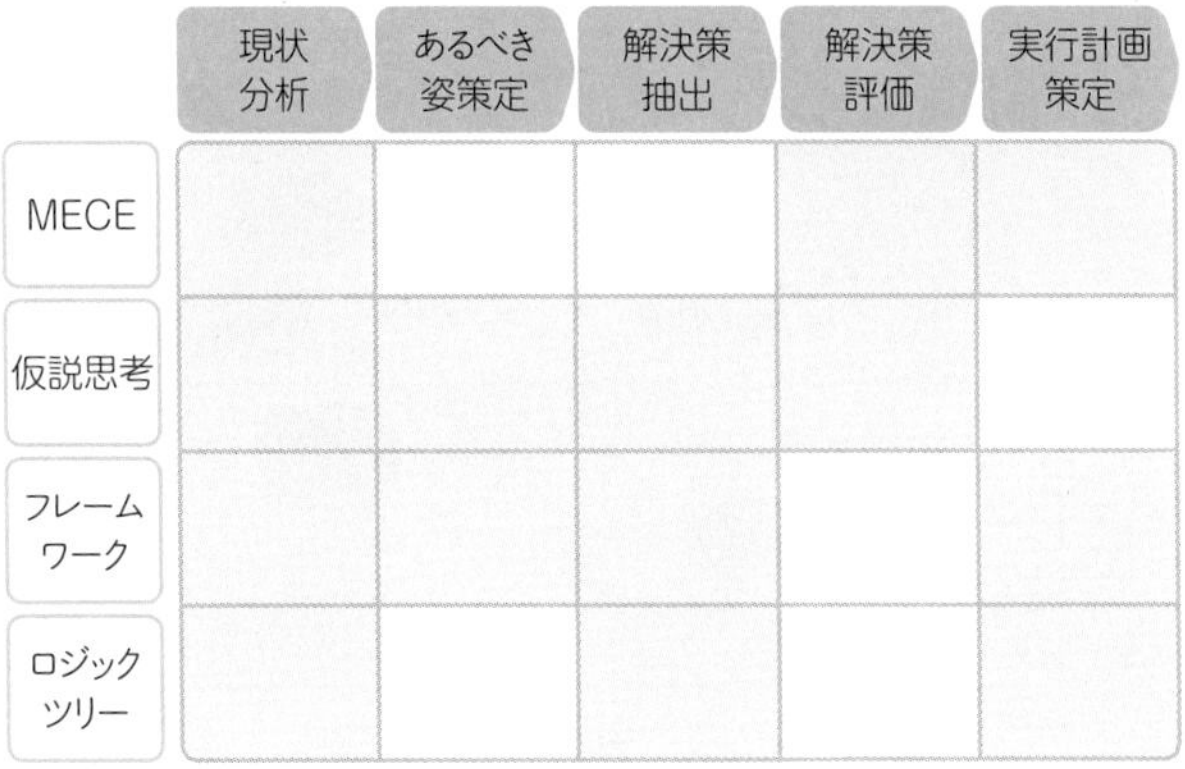

図表6-4

位置づけを整理する「位置のテンプレート」

様々な事項を2軸以上の切り口で分類し、違いや位置づけを把握するのに適したテンプレートです。例えば業界のプレーヤー、商品、顧客、施策などを分類し、特性や差異を理解するために用います。

位置のテンプレート

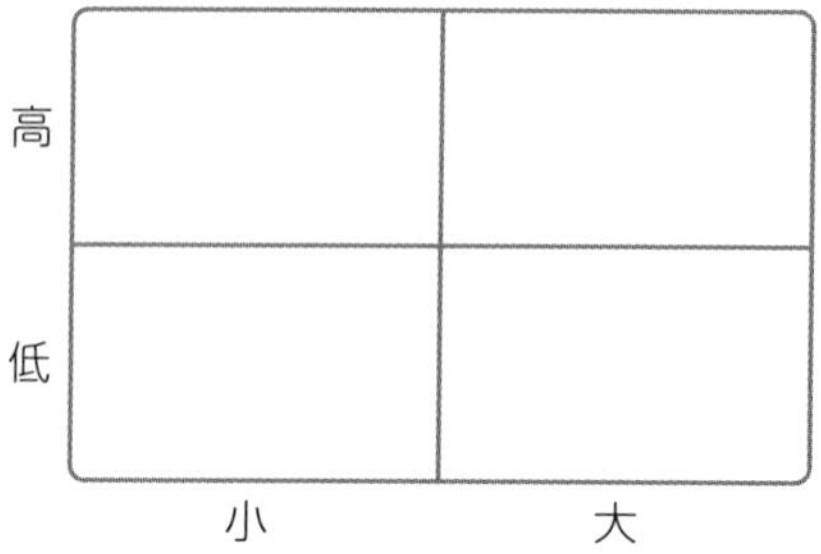

施策優先順位

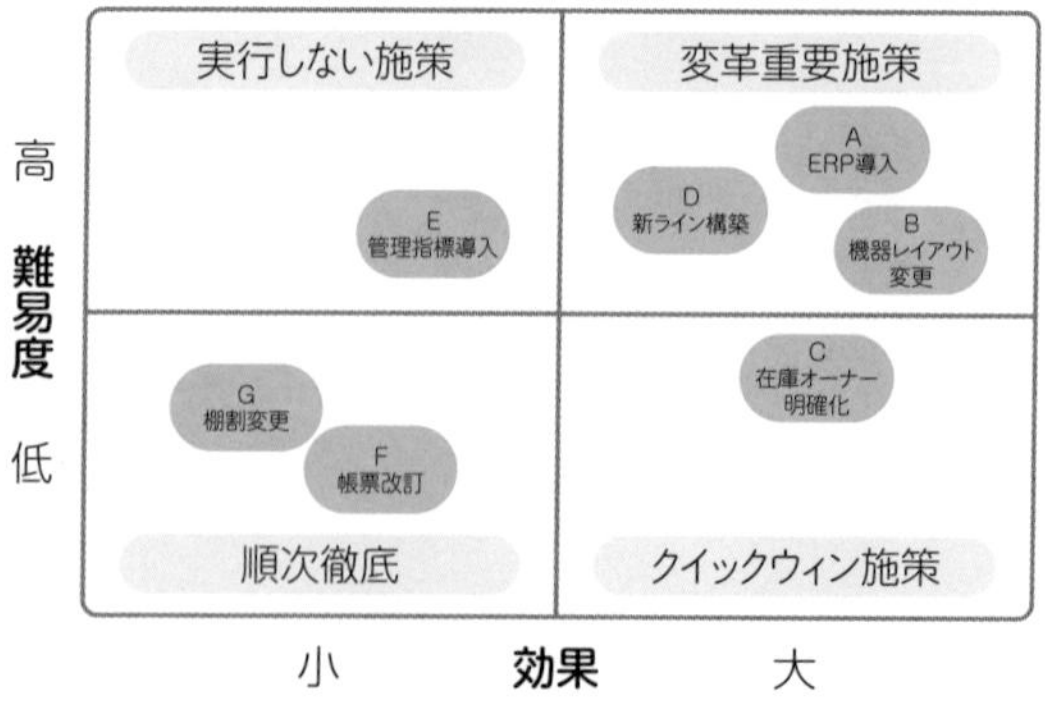

図表6-5

よくなっていく段階を整理する「発展のテンプレート」

左下から右上に向けて段階的によくなっていく状態を表現します。

発展のテンプレート

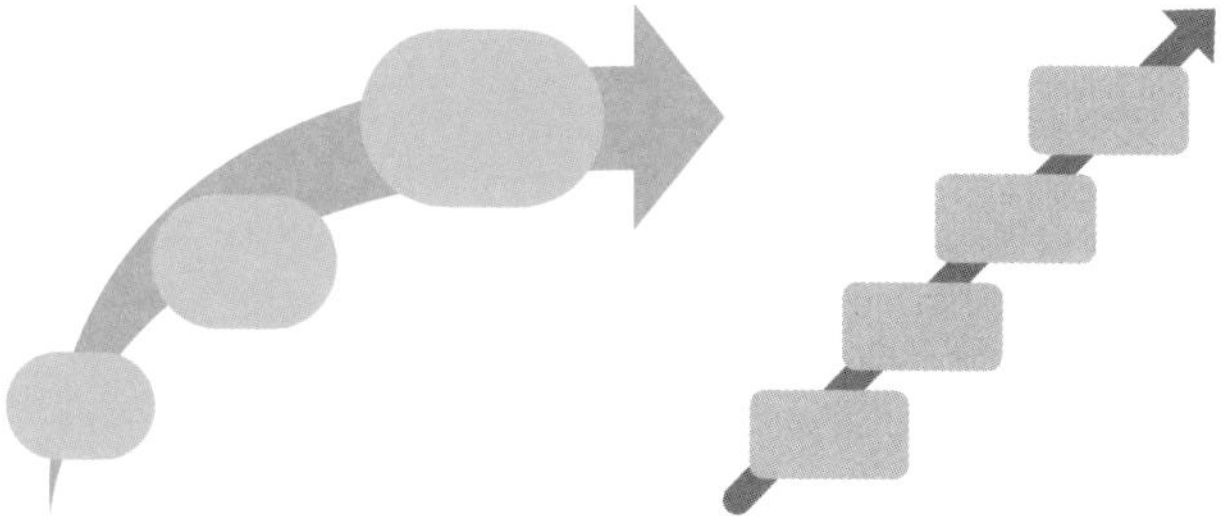

組織、個人からチーム主義へ

組織偏重
- 高度成長期
- 一定品質の労働提供・管理
- 組織の和を重視
- 「出る杭」は打たれる

個人重視
- 市場飽和期
- 多様なニーズに対応
- 個人の能力を重視
- 成果主義で報いる

チーム主義
- 予測不能な時代
- 前例のない問題に挑戦
- チーム成果の最大化を重視
- 成功体験・達成感

展示会タスク

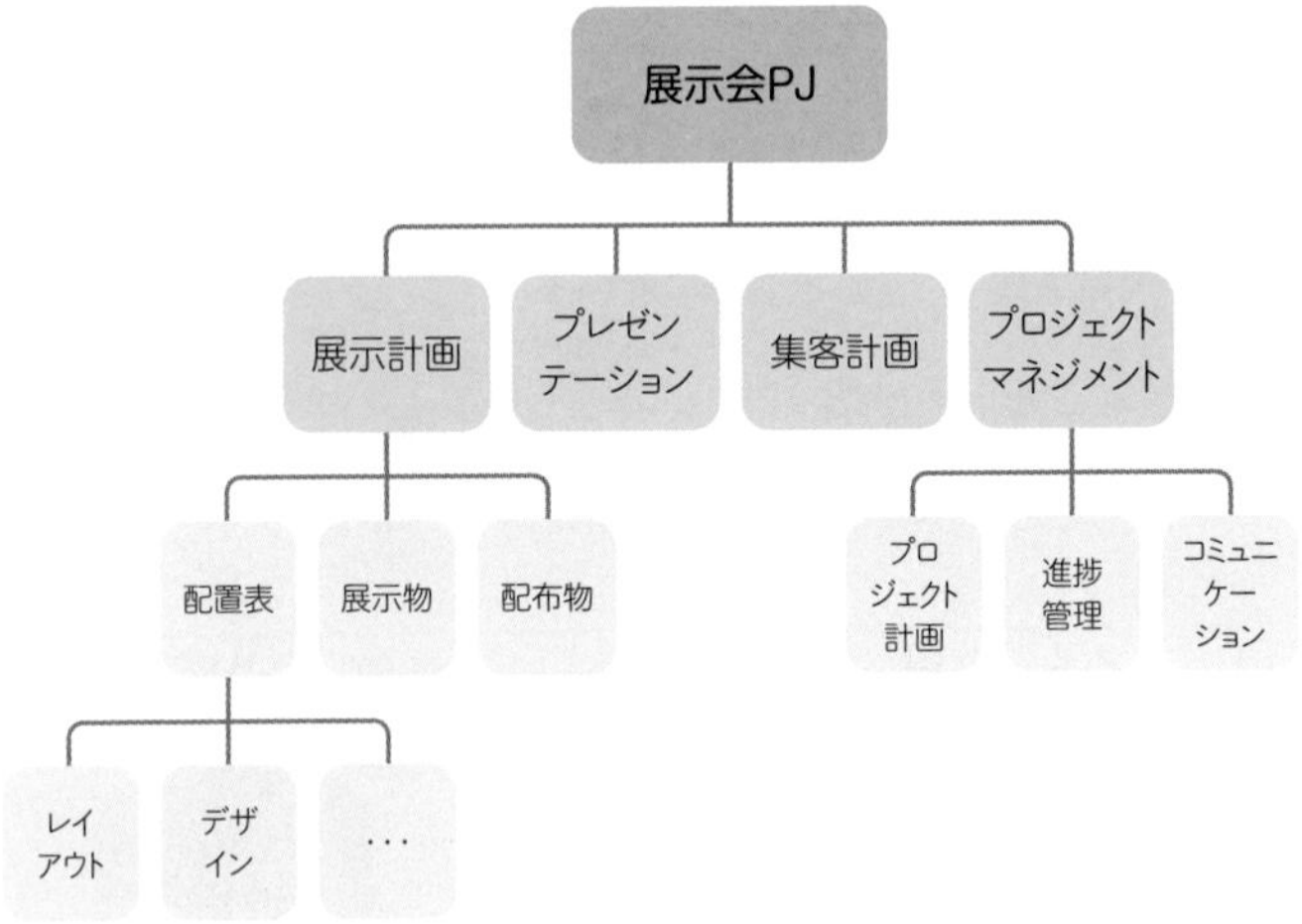

展示会PJ
展示計画
プレゼンテーション
集客計画
プロジェクトマネジメント
配置表
展示物
配布物
プロジェクト計画
進捗管理
コミュニケーション
レイアウト
デザイン
…

図表6-6

階層構造を整理する「階層のテンプレート」

階層構造をまとめるのに適したテンプレートです。例えば、スキルを分解したり、上下関係がある概念をまとめるときに使います。

階層のテンプレート

①ピラミッド　　**②階層構造**

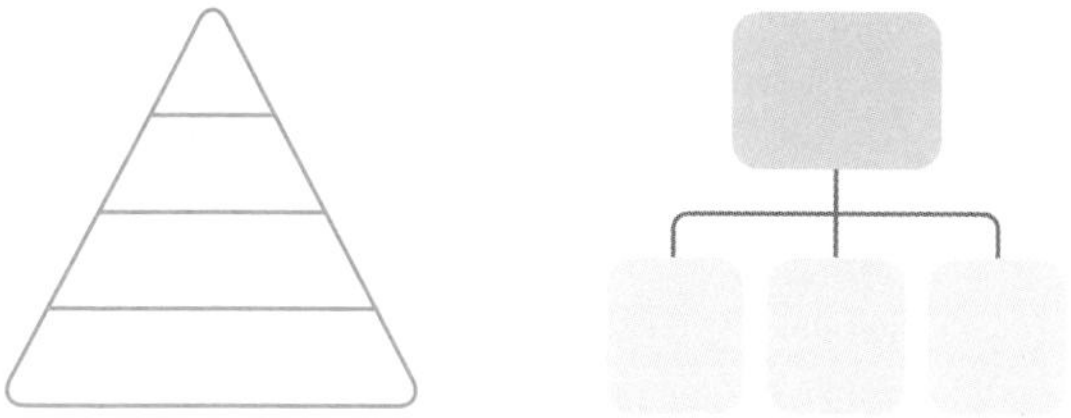

変革における役割定義

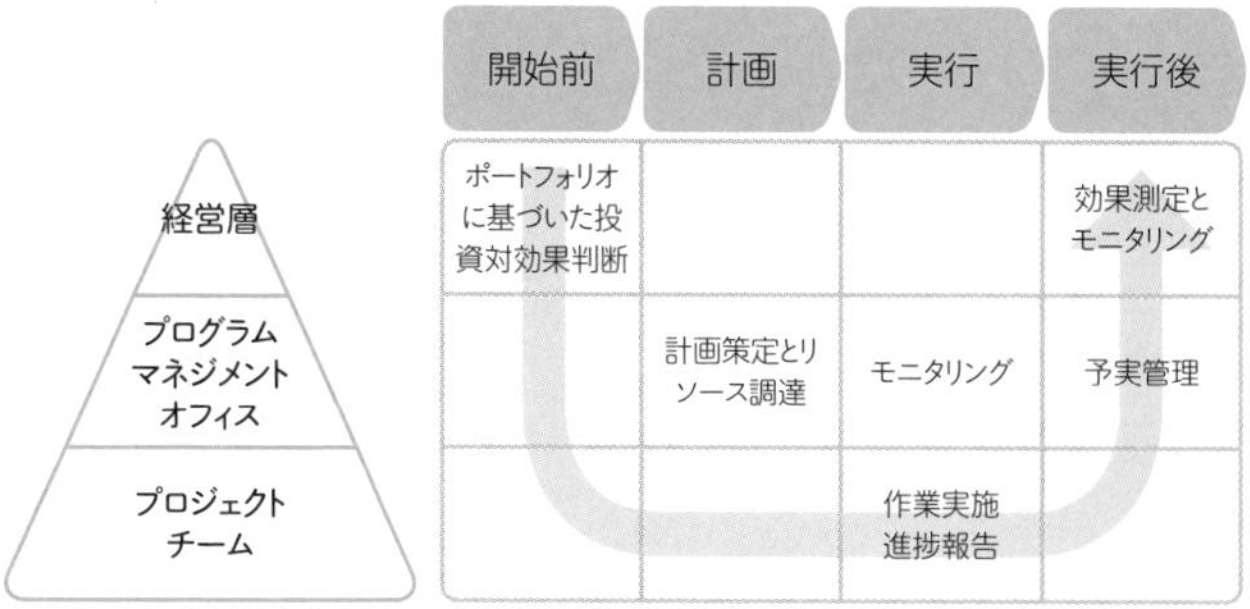

図表6-7

繰り返し行うサイクルを整理する「循環のテンプレート」

ある一定のサイクルで繰り返すプロセスや、手順をまとめるのに適したテンプレートです。例えば、企業の経営や事業のサイクル、生産管理や品質管理、人材管理などマネジメント手法などをまとめるときに便利です。

循環のテンプレート

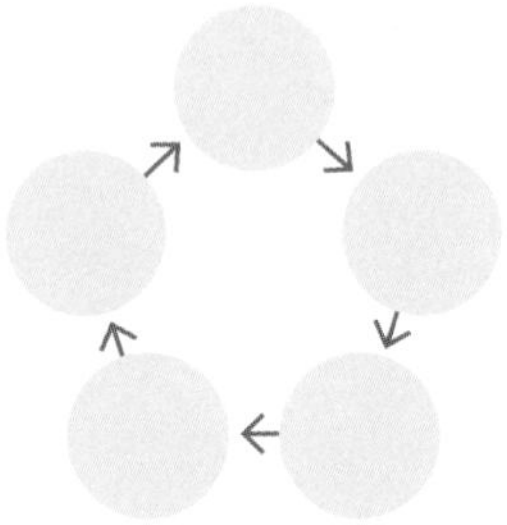

クリエイティブのPDCA

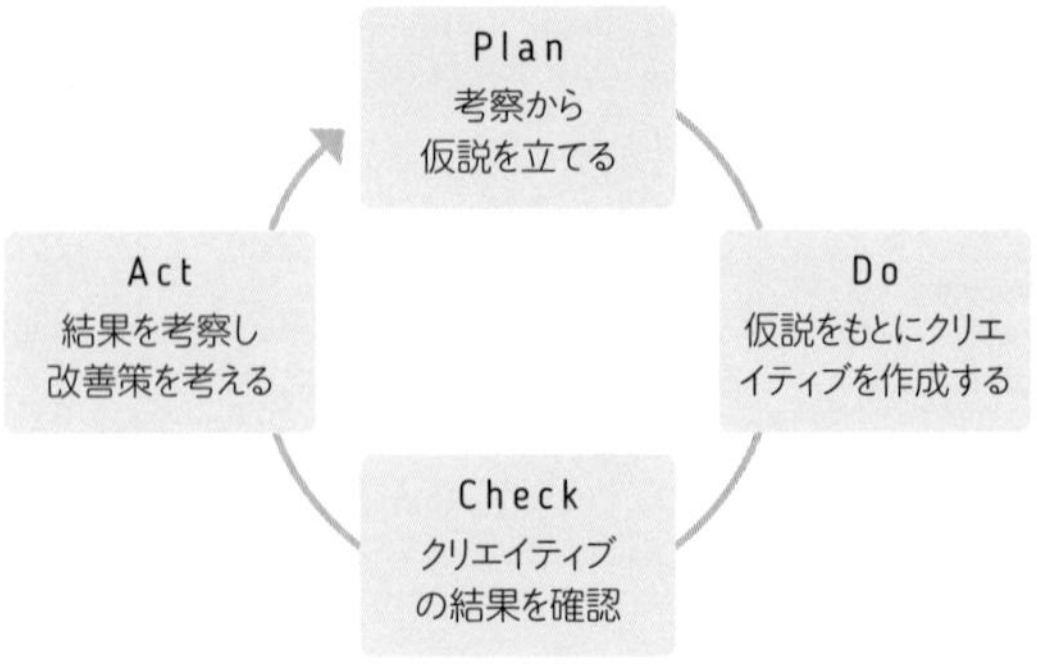

［本質の理解］エッセンスを人に教えられる

「本質の理解」で求められるレベルは？

「本質を理解する」とは、その仕事において**最も重要なことや価値を生み出すものが何であるかを伝えられる**レベルになることです。その領域について高いレベルでマスターし、人に教えることもできるレベルです。

リスキリングによってこのレベルにまで到達できれば、間違いなく「稼げる」レベルになったと言えるでしょう。

私が考える「本質の理解」に達したと言える目安は2つあります。

1つ目は、「つまり○○とは△△である」と一言で語れること。

書籍や人、実践経験から学習したことをすべて集大成して、最後に「結局、重要な要素はこれだ」ということを一言で言い表せる状態です。

2つ目は、「Do's and Don'ts（べし・べからず）」を語れること。その仕事において価値を出すために、やるべきこと、もしくはやってはいけないことが明確に整理されている状態です。

体系化したフレームワークをブラッシュアップしていく段階で、自分の知見がさらに高まっていきます。そこからさらに本質的かつ実践的なものを抽出するのが、この2つのやり方です。**伝達しやすい形にエッセンスを凝縮します。**

私はよく、「リサーチの仕事で大切なことは？」「利害関係者管理で重要なことは？」という質問をします。そこで「仮説です。仮説なき調査は終わりがなく、何も生まれません」「点ではなく、面での関係を構築すること」などと答えられるのはやはり、成果をあげられている人です。フレームワーク化をしながら、こういった一言が聞かれてすぐに出てくるように考えておきます。

本質を導き出しておく意味

「私は本を出したり、取材されるようなことはないから、そんな一言を導き出す必要はないのではないか」

そう思われる方も多いでしょう。本質を導くことは次の点からも大きな意味を持ちます。

①自分の仕事のリスクマネジメントになる

フレームワークは仕事の生産性を上げると説明しました。本質を導き出しておくことは、リスクの軽減につながります。**その仕事で特に重要なことを思い出すことで、ミスや失敗を防げる**からです。いつも同じような仕事で失敗してしまうのは、何が重要なのかを把握していないからです。そうならないよう考え抜いて導き出すのが本質の理解です。再現性を高めるとともにその成功率も高めることにつながります。

②第一人者として認知される

自分の言葉で「本質」をまとめて、折に触れて発信することで「この人はわかっているな」「この人はこの領域に詳しい人なんだ」という認知が広がります。そういう積み重ねが「この人に頼みたい」「この人と仕事をしたい」というキャリアアップの機会を生み出します。

仕事をきちんとしていれば、誰かがきちんと評価してくれると思われるかもしれませんが、実際は誰がどこまでのスキルを持っていて、再現できるのかを判断するのはなかなか難しいものです。その人のスキルや実践知が目に見える形で発信されないと、自分のことを分かってくれる人の範囲も狭いものになるので、機会も減ってしまいます。

私がいたコンサルティング会社では、昇進のためのプレゼンがありました。昇進プレゼンでは直属の上司以外に対して、実績や能力の再現性をアピールします。一生懸命仕事をしているにもかかわらず、昇進プレゼンでは、それが伝えられず、昇進見送りになってしまうこともあります。それによってかなり気落ちして、モチベーションやパフォーマンスが落ちてしまう人もいました。

また、プロジェクトへの参加可否を判断する面接で、スキルはあるのに落ち続けてしまう人がいました。そこで、私はその人に、これまでやってきたことを棚卸しして、フレームワークで整理し、重要なポイントは何かを説明できるようにアドバイスをしました。すると、次の面接では本人が望んでいたプロジェクトに見事入ることができました。

このように、**「仕事ができているから分かってもらえる」と思って、本質をまとめておかないと、大切なチャンスを逃すことにもなりかねません。**いざというときに自分を救うものだと思って「本質の理解」に取り組んでみましょう。

フレームワークと本質は何が違うのか？

「本質」について話すと、「フレームワークでも同様のメリットがあるのでは？」とよく聞かれます。その違いについても触れておきましょう。

「フレームワーク」とは、「○○を説明して」と言われたときの答えです。対して**「本質」は、「それについて自分はどう考えるのか？」という問いの答え**です。

例えば「○○業界で成功するには？」という問いに答えるには、自分が考える業界勢力図や歴史を説明できなければいけません。ここで威力を発揮するのがフレームワークです。そして本質は、そのフレームワークを踏まえて、「これが重要」「ここが勘所」と端的に示す言葉です。

私はインタビューや取材を受けたり、講演や研修では様々な質問を受けます。それに対して、フレームワークで整理して話すと、「分かりやすい」と言われます。しかし、本質的な一言を加えない場合には、話に説得力がなく、相手も「なるほど」と思いません。

例えばプレゼンテーションについて聞かれた時に、フレームワークと本質で話すと以下のようになります。

「プレゼンテーションは〝プレゼンス〟と〝コンテンツ〟と〝デリバリー〟という3つの要素を高めることで上手くなります。プレゼンスは自分の存在感、コンテンツはメッセージとストーリーです。デリバリーは伝え方のことです（ここまでがフレームワーク）。プレゼンで重要なのは、資料作成や話し方ではなく、プレゼンが終わった時に相手がHappyな気持ちで行動できる状態になっていることです（本質）」

この2つの違いを意識して発信できるようになると、さらに第一人者としての認知が広がります。

「つまり○○とは△△である」と一言で語る

では、本質的に導き出したことを、どうまとめたらよいのかを説明します。

「概念の理解」で基礎知識を把握し、「具体の理解」で幅広い情報や経験をインプットして、「体系の理解」で自分なりに体系化します。そして「本質の理解」では、自分が得た知識や経験を総動員して最後に、**「つまり一番大切なのはこういうこと」という一言をひねり出します。**

「本質」は言葉やフレーズで表してもいいのですが、最も端的に表せるのは因数分解です。

「○○＋○○＋○○＝△△」
「○○×○○＝△△」

いくつか例をあげてみましょう。

仕事の成果＝考え方×熱意×能力（京セラ創業者　稲盛和夫さん）
コンサルティング＝仕組む力×仕掛ける力（ＨＲインスティテュート　野口吉昭さん）
上達の論理＝まねる力×段取り力×コメント力（明治大学教授　齋藤孝さん）

また、先にもご紹介しましたが、私自身がかつてプレゼンテーションの勉強をしているとき導き出した「本質」はこうです。

プレゼンテーション
＝プレゼンス（誰が）×コンテンツ（何を）×デリバリー（どうやって伝えるか）

自分で導いた本質なら他人と同じでも違ってもＯＫ

「自分にはこんなことは考えられない」と思う人もいるかもしれませんが、本質に正解や不正解はありません。**ビジネスに絶対の答えはなく、出てくる因数分解も人によってオリ**

ジナリティがあってよいのです。

正解かどうかはさておき、何かを学んだ最終アウトプットとして、因数分解で本質を導き出すことは非常に大切です。これには、3つの理由があります。

1つ目は、**理解と記憶の定着が進む**からです。因数分解をするためには、学んだことを復習する必要があります。これによって理解と記憶への定着がいっそう深まります。

2つ目は、**学んだことが洗練される**からです。広く他の人にも価値が認められるレベルを目指すことにより、学んだことがより研ぎ澄まされます。

そして3つ目は、**自分で物事の善し悪しが分かる**ようになるからです。自分なりの価値判断基準ができるので、良いもの悪いものとその理由がつかめます。そして、知見がたまっていくのです。

何十冊もの書籍、何人もの助言、そして蓄積してきた実践経験、それらすべての集大成としてこの「本質」を導いてください。結果的に誰かと同じ「本質」になってもOK。**大事なことは、自分の足で辿り着くことです。**

ビッグワードと一般化しすぎに注意する

本質的な一言を考える際に注意したいのは、「ビッグワード」と「一般化しすぎ」の2つです。

ビッグワードとは、例えば「イノベーション」「スマート」「コミュニケーション」といった、一言で色々言い表せて、ついつい使ってしまいたくなる便利な言葉のことです。こういった言葉を使えば、何となくそれっぽい表現がすぐに作れます。ただし、**安易にこのビッグワードを使うと、表面的な理解で終わってしまう**ことが多々あります。場合によっては、本質から遠のくこともあります。1つの例としてこの式を考えてみましょう。

経営＝改革×実行

この因数分解について、「では、あなたにとっての改革とは何ですか？」ということに答えられることが必要です。それができなければ、単に言葉が上滑りしているだけで、本質を理解していないことに他なりません。

一般化とは、抽象度を上げすぎてしまい、あまり参考にならないまとめ方をしてしまうことです。例えば、以下は抽象度が高すぎて、一般化されています。

サービス業の成功要因＝ターゲットの明確化×顧客満足

これだと、抽象度が高すぎて他に適用しようと思っても難しいでしょう。例えば、この場合には以下のように抽象度を下げます。

サービス業の成功要因＝提供価値の集中×値頃感

こうすることで、「ターゲット顧客を定めてその人向けに価値を絞り込むこと」と「その人がお得だと思う価格帯でプライシングすること」という重要なポイントを思い出すことが可能になります。

安易に一般化しすぎると、「考えが浅い人だな」と思われてしまうだけではなく、自分が実践しようとしても役に立ちません。

「本質」のセルフチェック

本質についても、導き出したあとに、自分でその完成度をチェックしてみましょう。以下の3つがチェックポイントです。

①記憶に残るか
②様々な事象を整理・分析したり、結論を導き出したりできるか
③新しいことや、複雑な仕事を進める際の指針となるか

フレームワークと合わせて、人に見てもらったり発信するといいでしょう。人に使われるくらいのレベルであれば、使える「本質」だという証です。

教えることこそ最高の学び

「Do's and Don'ts(べし・べからず)」を語るには

「べし・べからず集」というものをご存じでしょうか。これは**「やるべきこと」**と**「やってはいけないこと」**をまとめたものです。英語では「Do's and Don'ts」または「Do's and Taboos」という言い方をします。

仕事を進めていく中で得た様々な実践知はL&Lに蓄積されています。その中でも特に重要なものをいくつかピックアップしてまとめておくのです。これは自分自身にも他の人にもとても役立つものになります。

私がいたコンサルティング会社のある部門では、メンバー各自がDo's and Don'tsを書き込むデータベースがありました。例としてお見せしましょう。

図表6-8

べし・べからず集①

プロジェクトマネジメントのDo's and Don'ts

ステークホルダー管理のDo's and Don'ts

- 一度巻き込んだらOKだと思うべからず。相手は心変わりすると心得よ
- 内容によって大広間（役員会議）と小部屋（個別会議）を使い分けるべし
- 先に言えば「説明」、後から言ったら「言い訳」と認識される
- 「相談させてください」の巻き込み力は説得よりも強い

分析のDo's and Don'ts

- 仮説を持たずにデータをこねくりまわすべからず
- データの入手しやすさで分析軸を選ぶべからず
- 異常値を都合のよい拡大解釈に使うべからず。必ず指摘され信頼を失う
- 別シートにデータが渡っているときの修正はシートをグループ化しておくべし

こういった実践（または失敗）から得られた知見を思いついたら、すぐに書き込んでいきます。これは誰でも見られるようになっており、若手メンバーや経験が浅いメンバーの大きな拠り所でした。

フレームワークでまとめてもよいのですが、**特につまずきそうなところや、これだけは押さえておくべきところは、このようにまとめておく**と、仕事にとりかかるときに思い出しやすいのです。これらは本質的な一言を説明するときにも役立ちます。

もうひとつユニークな例をお見せします。これはあるコールセンターのオペレーターの人がまとめたものです。

そのコールセンターでは、クレジットカードのキャッシングでお金を借りたものの、返済していない人に督促をしていました。かなり込み入った事情がある人が相手なので、恫喝されたり、暴言を吐かれたりするなど、オペレーターの人がひどいストレスを受けていたようです。メンタル疾患になってしまう人も多く、離職率は高い状況でした。

しかし、その中でも、貸したお金の回収率が高く、メンタルも病まない人が一定数いたのです。その人たちが何をしているのか、または何をしていないのかをまとめた「べし・べからず集」の目次が図表6-9です。

こういった、相手の状況に依存する仕事だと、スキルを向上させるのも難しいと思われ

図表6-9

べし・べからず集②

コールセンターオペレーターのべし・べからず集

- 約束日時は相手に言わせる
- 「返して」と言わずに回収するテクニック
- 怒鳴られた時に反撃する〇〇テクニック
- 声だけ美人になる
- 厳しいことを言うときはツンデレ・クロージング
- 「謝ればいいと思ってんだろ!」と言われない謝り方
- 「ごめんなさい」と「ありがとうございます」の黄金比

がちです。しかし、こうして要点がまとめられると自分も経験が浅い人でも、そのような仕事がしやすくなるでしょう。

茶道や武道など「○○道」と呼ばれる領域の師匠や有名な経営者は、こういったべし・べからず集をよく「○○訓」としてまとめて伝承しています。**自分のやってきたことの集大成として作成**してみるとよいでしょう。

フレームワークと本質は発信によって磨かれる

フレームワークや本質をまとめられたら、それを発信しましょう。例えば、社内の事例共有会や、研修、異業種の勉強会などもよいでしょう。後輩などに教えたり、上司に説明してみてもよいでしょう。

「自分は発信できるようなレベルではない」と思うかもしれませんが、それは逆です。**発信したり、人に教えることによって、自分の学びが深まりレベルが上がるのです。**

「教えることこそ、最高の学び」という言葉があります。また「人前で話そうとしたらその10倍は準備のインプットが必要だ」ともいわれています。人に説明しようとすると自分の理解が不足している箇所も分かりますし、質問を受けることで、さらに体系化や本質化が深まります。

「発信や教える機会があれば、惜しみなく打席に立つ」

これを実践した人は学びが深まるだけではなく、「この人はこういうことが得意だ」というラベルがつけられます。そのことにより、仕事の機会が増えるのです。

機会は自分から作ってよいのです。発信の機会は受け身で待っていてもなかなか与えられることは少ないです。発信の場を自分で作ることで、誰かの目にとまり、さらに発信の機会が増えていきます。同じテーマについて学んでいる人を集めて、勉強会を開催して、自分が発表するのです。また、「note」などは多くのビジネスパーソンが自分の知見をアップしていますので、ネット上の場も有効です。

勉強会に第一人者の人を招いてその人の前で発表するのもよいでしょう。「そんなすごい人の前で発表するなんて無理だ」と思うかもしれませんが、そういう人は自ら積極的に動く人に対しては非常に協力的で、豊富な実践知に基づくアドバイスをたくさんしてくれます。こういったアドバイザーが味方についてくれれば、リスキリングもさらに楽しく、実りのあるものになるでしょう。

Chapter7

マインドセット変革編

マインドの覚醒

ここまでのChapterでは、【スキルセット変革編】として、リスキリングによって、新しい仕事に必要なスキルを身につける方法とコツを説明してきました。

ここからのChapterでは【マインドセット変革編】として、リスキリングに取り組むために必要なマインドと、そのマインドに切り替える方法、維持する方法をご紹介します。

新しいことに取り組むうえで、自分の気持ちや心のあり方をきちんとセットしておく（マインドセットする）ことは大切です。ここがしっかりとできていないと、「やはり、自分にはできないんじゃないか」「無理してチャレンジする必要はないのでは」などとくじけそうになったり、自分のこれまでのやり方に固執して、スキル習得のスピードが遅くなることが考えられます。

効率よく自分のスキルセットを変革してリスキリングを成功させるために、どのようなマインドを持つべきか、それをどうやって手に入れるかをご紹介していきます。

図表0-2

リスキリングの進め方全体像（再掲）

リスキリング準備：キャリア実現のアプローチを描く

- Step1　リスキリングの理解（6人のリスキリング成功体験記）
- Step2　リスキリング目標設定
  キャリアストーリー／リスキリング目標／資産棚卸し

スキルセット変革

- Step1　概念の理解
  全体像の把握とインプット
  - 3種のリスキリングマップ
  - 書籍・研修・セミナーでの学び
- Step2　具体の理解
  実践とフィードバック
  - 実践と人からの学び
  - ラーニング・ジャーナル
- Step3　体系の理解
  学びの体系化
  - フレームワークによる構造化
- Step4　本質の理解
  本質を導き出す
  - 因数分解
  - べし・べからず集

マインドセット変革

- Step1　マインドの覚醒
  3つの壁を乗り越えて覚醒する
  思い込みの壁／恐怖心の壁／環境の壁
  アンラーニング／越境学習／副業・複業
- Step2　有形・無形資産の活用と維持
  5つの資産を有効活用する
  ヒト／モノ／カネ／時間／健康

2ステップで考え方や立ち居振る舞いが変わる

マインドセットは2段階で変える

マインドセットとはその仕事で成果を出すための考え方や志向性、仕事の進め方だと思ってください。例えば、プログラミングスキルを習得したとしても、単にプログラムが書ければその仕事で成果が出せるわけではありません。顧客の問題を解決しようというマインドセットや、何が求められるのか期待値を把握してアウトプットに反映したり、他の人たちとコラボレーションできるマインドセットになっていなければ、上手くいきません。

スキルが「How to do：やり方」だとしたら、マインドは「How to be：あり方」と考えてもよいでしょう。つまり「**この仕事**（**もしくはこの環境**）**では、こういうあり方が求められている**」**ということを認識し、考え方や立ち居振る舞いなどを変えていく必要があり**

ます。

マインドセットを変えるには2つのステップがあります。

Step 1 **「メンタルブロックの解除」**

新たなことにチャレンジすることを阻む壁を乗り越える

Step 2 **「新バージョンのOSにアップデート」**

新しい仕事で成功するためのマインドセットに変える

それぞれどんなマインドチェンジをするのか、見ていきましょう。

まずはメンタルブロックを解除する

Step1では**自分を今の状態にとどまらせている壁＝メンタルブロックを解除**していきます。メンタルブロックとは、人が何か行動を起こそうと思った際に、自分には無理なのではないか、人から批判されるのではないか、などと思う否定的な思考のことです。また、その結果として行動が抑制されている状態を意味します。

例えば、リスキリングをしようとすると浮かんでくる「できっこない」「もう年だから無理だ」「今のままでいいのに」などの否定的な思いなどがこれにあたります。

これらの否定的な思いは、自分自身の考え方から出てくるものもあれば、周囲の人々の意見など環境から生まれ、立ちはだかるものもあるでしょう。多くの方はこういった考えや環境の壁に阻まれて、学ぶことにチャレンジするのを諦めたり、挫折しがちです。逆にこういった壁の存在を、チャレンジしない自分を正当化する都合のよい言い訳として使っている人もいるのではないでしょうか。

リスキリングは単にスキルを身につけるだけではなく、自分を新しい仕事にトランスフォーメーションする自己変革だと述べました。私は前職では企業変革戦略チームのリーダーとして、様々なクライアント企業の変革の支援をしてきました。大きな変革には必ず大きな抵抗があります。この抵抗をなくさない限り変革は成功しません。

同様に**自己変革であるリスキリングは、様々な自分の内なる抵抗＝メンタルブロックを解除しないと成功しません**。まずはStep1で、メンタルブロックを解除して、新しいスキルの習得に対して、前向きかつ積極的な気持ちに変わる必要があります。

次に新バージョンのOSにアップデート

Step2では、新しい仕事で求められるマインドセットに自己変革していきます。世の中には様々な仕事がありますから、それぞれの仕事で成果をあげるためのマインドセットは異なります。**マインドセットとは、その仕事で成果を出すための「Why?」と「How?」の考え方を指します。**それぞれ説明しましょう。

Why?=信念、志向性

Whyは、その仕事に求められる信念や方針や志向性です。**その仕事で何を目指すのか、意識がどこに向かっているのか**という考え方です。志向性とは、顧客志向、技術志向、サービス志向などという言葉があるように、**何を重視するのか**という考え方です。

この志向性の考え方によれば、一口に技術系の仕事といっても、様々な仕事があることが分かります。例えば、「技術をより極めることでサービスが成長する」という技術志向もあれば、「サービスをよりよくするために技術を向上させよう」というサービス志向の仕事もある、といった具合です。

How?＝流儀、お作法、スタイル

Howは、**その仕事においてよしとされる流儀**です。例えば、一人の力でアウトプットを仕上げるのをよしとする仕事もあれば、大勢で協力しながら作り上げることがよしとされる仕事もあります。

例えば一口に「調査」といっても、マーケティングの仕事とコンサルティングの仕事では求められる内容は異なります。そのため、調査のやり方やそれを完成させるスピード感など流儀が異なってきます。

研究職からマーケティングの仕事にリスキリングした人の話です。研究職では独力で調査や研究をして仕事を完遂することが求められていたので、そのように仕事をして調査結果を上司に提出したところ、「もっと他の人の意見やフィードバックを取り入れながら進めるように。範囲も限定的すぎて参考にならない。視野が狭い」とひどい評価を受けてしまいました。

その人としては、しっかりと前提条件を固めて完成度が高い調査報告をしたので、高く評価されると思っていたところ、「独りよがりのレポートだ」といわれてしまい、ショックを受けたそうです。

　このように、求められるマインドセットは仕事によって異なります。コンピュータに例えると、マインドセットはOS（オペレーティングシステム）のようなものです。OSはシステム全体の制御・管理とアプリケーションソフトを動かす役割があります。OSはマインドセットであり、そのうえで動くアプリケーションがスキルセットだと考えてみてください。

様々なスキルは研修などで習得することはできますが、その仕事で成果をあげるためのマインドを持っていない場合には、そのスキルを発揮することは難しいでしょう。もしくはスキルを発揮しても的外れになってしまうのです。

　前職のコンサルティング会社では、事業会社からの中途入社の人を数多く採用していました。私もその一人です。事業会社の人は豊富な業界・業務知識やスキル・経験を持っていますが、それだけではコンサルタントとしてクライアント企業に価値を出すことはできません。

　ロジカル・シンキングや仮説構築、構造化・体系化のスキル、プレゼンテーションスキルなど色々なコンサルティング・スキルももちろん必須ですが、それらのスキルと同じくらい重要なのがコンサルティング・マインドです。

　そのコンサルティング・マインドを体得するための「コンサルティング・ベーシック

ス」というボーディング研修がありました。ボーディングとは「乗車・乗船・搭乗」を意味する言葉で、新しく組織に入ってきた人に早く慣れて活躍してもらうための支援のことを指します。

このボーディング研修では、スキルやテクニックはほとんど教えません。講師を務めるスターコンサルタントに接したり、クライアントワークのロールプレイをしたりすることで、「こういうあり方が求められているのだ」というマインドセットに変わってもらうことを目的とした研修です。大きなカルチャーショックを受けたことを、今でも鮮明に覚えています。

一般的な仕事では、このようなボーディング研修が用意されていることは稀ですので、**自らその仕事で求められるマインドセットに自己変革をする必要があります**。多くの方はこういったマインドセットの違いをあまり意識せずに飛び込んで、葛藤します。

リスキリングに葛藤はつきものです。しかし、OSのアップデートの仕方を知っておくことで、必要以上にショックや挫折感を抱いたり、無意味な遠回りをして時間をロスしたりする機会を減らすことができます。

Step1 メンタルブロックを解除する

チャレンジを阻む3つの壁とは？

では、新たなリスキリングや仕事に向けてのメンタルブロックの解除方法から見ていきましょう。まずは、新しいことに取り組むことを阻む3種類の壁＝メンタルブロックを紹介します。

①思い込みの壁

思い込みの壁とは**自分の可能性を限定したり、根拠は特にない決めつけなど、自分の心にブレーキをかけてしまう**以下のような考え方です。

可能性の否定：
「リスキリングなんて自分には無理に決まっている」
「〇〇の領域は自分には向いていない」
年齢バイアス：
「もういい歳だから若い頃のように新しいことは覚えられない」
「今更若手のように一から仕事を覚えるなんてしたくない」
変化の拒否：
「仕事をころころ変えるなんてよくない」
「リスキリングさせられるのなんて嫌だ」

②恐怖心の壁

恐怖心の壁とは、よく分からないことからくる不安や、見栄やプライドなどから、**失敗を必要以上に回避しようとしたり**、人からの評価を気にしすぎて、**新しいことを恐怖に感じてしまう**以下のような考え方です。

未知なるものへの不安：
「失敗したらどうしよう……」

「今あるものを手放したくない」

見栄からくる恐怖心：

「若い人に使われるなんて恥ずかしい」

「できない人だと思われたくない」

③環境の壁

環境の壁とは、**今所属している組織や、家族・友人などからの同調圧力や反対**に由来した、ブレーキとなる意見や考え方です。

同調圧力：

「このままでいいんじゃない？」

「そんなことしたって無駄だよ」

家族の反対：

「すごく忙しくなって大変になっちゃうんじゃないの？」

「会社を辞めるなんて世間体が悪い。収入が減るなんて困る」

誰でも考え方の癖があります。さらに社会や世間の常識、家族・友人の意見などから、様々なバイアスがかかった見方をしてしまいます。本書のテーマであるリスキリングについても、ネガティブに捉えている人も少なからずいるようです。

ただ、実際に成果をあげている人は、このような**メンタルブロックを意図的に解除**して活躍していることが多いのです。実際に私はシステムエンジニアからコンサルタントになる時と、コンサルタント会社から独立する時の2回、メンタルブロックを解除しました。

1回目の時は、「コンサルタントなんて自分には無理だ」という思い込みの壁を、2回目の時は「独立したら収入が減るのではないか」というメンタルブロックを解除しました。今となっては、自分が持っていたメンタルブロックを「なんであの頃はあんなふうに考えてしまっていたんだろう?」と笑えるくらいです。そして、私のメンタルブロックを解除してくれた、人生の先輩方には本当に感謝しています。

3つの壁を乗り越える

では、どうやってメンタルブロックを解除したらよいかを説明します。

思い込みの壁の乗り越え方

自分が「こうだ」と思っている思い込みに対して、逆の事例をできるだけたくさん探します。

例えば「年取ってからは新しいことは無理」と思っているのであれば、高齢で新しいことにチャレンジして成功している人をたくさん調べてみましょう。

そういう人が見つかるにつけ、「あ、なんだ。そんなにたくさんできる人がいるんだ」「え、あの人もできているの?」とブロックが解除されていきます。**世の中に「絶対」は**

ないのです。自分の知っている範囲にないから「絶対無理」だと自分を信じ込ませてしまうのです。そうではない事例を見ることによって「あ、これもありなんだ」「自分でもできるかも」と認知が変わっていきます。

メディアに取り上げられている人でもいいですが、できれば近い存在が見つかると、ブロックを解除しやすくなります。もし見つかったら話を聞きに行くと、たやすくメンタルブロックを解除できる場合もあります。

恐怖心の壁の乗り越え方

恐怖心の場合は、今自分が持っているもの、例えば、ポジション、収入、評価、人間関係などを手放すことへの恐れが根底にあります。既にある程度成功している人だと、その成功体験に縛られてしまったり、今の地位や名誉などに執着して手放すことをためらってしまいます。

思い込みの壁と同様に、チャレンジして成功した事例を知ることで、ブロックが解除されることもありますが、それでもためらう場合には、**今自分が持っているものは、一体いつまでその価値を失わずに存在し続けるのかを考えてみましょう。**

あと何年その価値は目減りせずにあり続けるのかを考えると、現状維持の方がもしかすると恐怖かもしれないという考えに変わっていきます。

また、この恐怖心は「隣の芝生は青く見える」の逆で**「知らない仕事は怖く見える」**という状態から来ています。既にその仕事をしている人に接したり、見学させてもらったり、コミュニティに参加したりすることで、少しずつ慣れていくことにより不安を払拭していきましょう。

環境の壁の乗り越え方

職場の同僚や友人などからの同調圧力からは、距離を置くのが一番です。**「人間は、いつも周りにいる5人の平均をとったような人になる」**というのはアメリカの起業家であり自己啓発を手掛けるジム・ローン氏の名言です。実際にアメリカの研究で、年収においてはこれが証明されています。

つまり付き合う人が変われば、それまでの周囲からの影響で築かれていたブロックが解除されるということになります。リスキリングを成功させたいのであれば、自分から能動的に付き合う人を選んでいくべきでしょう。

転職業界では、転職や起業などをしようとして家族の反対にあうことを「嫁（もしくは夫）ブロック」と呼びます。同じ会社内での異動でも、多忙な部署や職種への転身となるとブロックが発動することもあります。これは家族も思い込みや恐怖心の壁を持っているということです。

ブロックを受けると、反対するパートナーのことを「理解が足りない、邪魔をしてくる人」と思いがちですが、実は自分に問題がある場合も少なくありません。事前に相談もなく、いきなり「こうするから」と言われたら、誰でも「ちょっと待って」と言いたくなるものです。まずは報告ではなく、**相談のスタンス**をとりましょう。その際に話し合うことは、例えば以下のようなものです。

- ○なぜ新しい仕事に変わるのか
- ○なぜこのタイミングなのか
- ○家族の生活はどのように変化するのか
- ○家族が得られるメリットは何か
- ○家族にとってのデメリットと対応策

これらをいきなりプレゼンスタイルで相手にぶつけ、論破しようとするのはおすすめしません。その場では説得されて納得した気になるかもしれません。しかし、そのあとよくない事態になった際に「やっぱり私は反対だったのに……」と非協力的な態度を取られる可能性が高いからです。

あくまでも相手の不安や懸念点を丁寧に聞き出したうえで、「じゃあ、どうしようか？」と一緒に決めるというスタンスをとったほうがよいでしょう。パートナーのブロックは、リスクヘッジにもなります。**目指すべきは論破ではなく、相手からの共感を得ることです。**

メンタルブロック解除シート

メンタルブロックには強弱があり、１つだけではなく、複数が絡み合っている場合もあります。それほど葛藤せずにするっと解除できる人もいれば、なかなか解除できない人もいます。まずは自分がどんなメンタルブロックを持っているのかを棚卸しして、それを乗り越える方法を洗い出し、実行してみましょう。そのために、３つの壁を乗り越える「メンタルブロック解除シート」を活用してみてください。

図表7-1

メンタルブロック解除シート

	どんな壁？	どう乗り越える？	どうなった？
思い込みの壁	正直、自分には新しい領域は向いてないように思えるため、リスキリングしようと思えない	既にその仕事に就いているＡさんに話を聞く その仕事にリスキリングした人の具体的な例を集める	話を聞いたり、具体例を見ることで、イメージが膨らみ思っていたよりも興味が湧いてきた
恐怖心の壁	敢えてつらい思いをしなくても現状のままでよいのではないかと考えてしまう	現状維持したらどうなるかシミュレーションをしてみる コミュニティに参加して状況を把握する	コミュニティに参加してみて、勢いを感じ楽しかった。かなりキャリアアップしている人を目の当たりにして意識が変わった
環境の壁	周囲にリスキリングに対して前向きな人がおらず、理解を得られない	コミュニティに参加して、同じ目標を持っている人と知り合う	上と同じ

まず、左側に自分が壁だと思っていることを記入します。3つの壁の例にあげたような「自分には〇〇はできない」など自分が持っている思い込みでもよいですし、「〇〇さんにこう思われたらどうしよう……と気になる」など些細なことでも構いません。言語化することで、「あ、自分はそんなことを気にしていたんだ」とブロックが簡単に解除される場合があるからです。

そして、壁が明らかになったら、その右にどうやって解除するかを記入します。例えば、「自分が目指す仕事にリスキリングして成功している人を5人見つけて話を聞く」「〇〇先輩に相談してみる」など具体的な行動を考えて記入します。

最後に、行動をした結果、自分の考えがどう変わったのかを記入します。もしあまり変化がなければ、次の行動をあらためて考えてみましょう。

Step2 新バージョンのOSにアップデートする

メンタルブロックが解除でき、自分の中で新たなチャレンジに対して自分で自分に許可を出したという状態になりました。しかし、これだけで必要なマインドセットが獲得できたというわけではありません。新しい仕事や環境向けの新しいOSにアップデートする必要があります。

マインドセットとは、その仕事で成果を出すための、信念（Why）と流儀（How）と説明しましたが、人間はパソコンのように簡単に新しいOSにアップデートできるかというとそうはいきません。長年の習慣や環境、成功体験によって頭と身体に染み付いている信念と流儀をすぐに捨て去って「はい、今日からこんなふうにやっていきましょう」と変えることはとても難しいことです。

OSアップデートに必須のアンラーンとは？

リスキリングに失敗しがちな人の特徴であげた「ゆでガエル状態」を思い出してください。ゆでガエル状態の人は、リスキリングへの意欲が低いだけではありません。実際にリスキリングをしようとしても、成功体験から得た信念と流儀が固定化していて、新しいものに対して拒否反応を抱くため、マインドセットを変えることが難しいのです。

私は様々な研修や講演を行いますが、「いやー、頭ではこうしたほうがいいのはわかってるんですけどね……」となかなか受け入れられない人もいますし、新しいやり方を少し試してみて、「やっぱり慣れてるやり方が一番だよ」と戻ってしまう人もいます。これはマインドセットの変革が追いついていないためです。これではせっかくスキルを獲得したとしても、新しい仕事で価値を出すことは難しいでしょう。

ここで重要なのが「アンラーン（unlearn）」という考え方です。アンラーンとは「学習棄却」や「学びほぐし」などと訳されます。一般的なラーン（Learn）は新しい知識・スキルを得るなどインプットが重要視されます。一方で、**アンラーンは既に自分が持っている信念や流儀などを見つめなおし、必要であれば手放す**ことをいいます。

長年仕事を続けてきた人が、慣れ親しんだやり方を変えることは不安や恐れが伴います。新卒の人のように身についているやり方がゼロ状態で新しいことを学ぶよりも難しいといわれています。新しい状況に適応するためには、あり方＝信念＋流儀を意図的に変えようとしないと、気がつけば元に戻ってしまいます。

信念と流儀をアンラーンするには？

では、どのように信念と流儀を変えるのか、3つのステップでやり方を説明します。

Step 1 アンラーン・スイッチを入れる

まずは「これから自分はアンラーンをするぞ」と意識して、スイッチをOnにするイメージを持ってください。人間は自分にとって新しいことに直面すると、瞬時に「良い・悪い」「好き・嫌い」「できる・できない」という考えや思いが頭に思い浮かびます。その判断基準は過去の経験から来ています。

もし、新しいことを学んでいるときや実践しているときに違和感を覚えたら、過去の積み重ねでできている自分のOSが発した拒否アラートだと認識してください。

その拒否アラートをそのまま受け止めて、「それは間違っている」「そんなのおかしい」「これは無理。自分には向いてない」「ありえない」「こういうのは好きじゃない」「自分のやり方のほうがいいのに」「普通、こうするでしょ?」などすぐに否定的な評価をくださないようにしてください。

とはいえ、すぐに受け入れられないことも多いので、まずは以下のように**フラットに受け止めます**。


「あ、ここはそういうスタイルなんだ」

「なるほど、これがこの仕事のお作法なのね」

「ほー、そういうやり方もあるんだ」

「へー、なんでこうするんだろう?」

「うわー、新鮮な考え方!」

「ふーん、これは今までとは違うな」


このように、まずは良い悪い、好き嫌いの判断を一旦保留して受け止めましょう。なんでも「正解・不正解」「合ってる・間違っている」「好き・嫌い」で判断しようとすると、

図表7-2

アンラーン計画シート①

	信念	流儀
これまでの仕事	• 自分の仕事の責任を果たすために指示されたことを確実に実行する • 伝統や確実性を重んじる	• 自分の領域と人の領域を明確にして、自分の領域を着実に行う • しっかりと実現できるかどうか検討してから意見を出す
新しい仕事	• クライアントの成功のために、他の人と連携してよいものを作り上げる • 前提を疑い、もっとよいやり方を追い求める	• 自己完結型ではなく、他のメンバーと一緒に悩んで答えを出す • 常に「このままでよいか」を問いかけながら進める • まずはアイディアを出し、次に実現可能性を考える

がちがちに固定化した信念と流儀が染み付いてしまい、アンラーンが苦手になってしまいます。

世の中には絶対的な正解も間違いもありません。ところ変われば常識も変わります。**違和感を抱いたとしても、それは「間違い」ではなく、単なる「違い」だと認識しましょう。**

Step 2 新しく得た信念と流儀を明文化する（アンラーン計画シート①）

ここからはマインドセット・アンラーン計画シートを使ってみてください。上側に今の自分やこれまでの仕事で持っている信念と流儀を書き、その下側にStep1で得た、新しい仕事で求められる信念や流儀を書き出します。

Step 3 信念と流儀を変える行動を他者から学ぶ（アンラーン計画シート②）

マインドセットは「**気をつけよう」と思うだけでは変わらないので、具体的に何をすべきかを周囲の人の行動から学びます。**成果を上げている人や優れている人の行動を見て、自分が取り入れたいと思う信念や流儀を書き出し、実行します。

これは「具体の理解」における人からの学びのところに近いものがありますが、特にここでは具体的なスキル・ノウハウよりも、信念と流儀を意識して学びとるようにしてみま

図表7-3

アンラーン計画シート②

	信念	流儀
山田さん	• 問題の追求を徹底的に行い、妥協しない • クライアントの成果をまず第一に考え、どうやったらできるかはその後に考える	• 誰に対してもオープンマインドで相手の懐に入る • その上で、通常だとなかなか出てこないような意見や本音を引き出す
鈴木さん	• メンバーを信じて任せる • 成果をあげるためにはとことん付き合う	• メンバーに対して、毎日自分から声がけをする • いつでも相談にのっている
加藤さん	• 技術のプロとして第一人者だが、常に磨き続けて、サービスにどう適用するかを考え続ける	• 最新技術動向は率先して自分から学び、若手にも学ぶ姿勢を根付かせている

しょう。

『プロフェッショナル　仕事の流儀』というテレビ番組があります。これはプロとして卓越したパフォーマンスを出している人がどのような信念や流儀を持っているのかを密着取材によって明らかにするものです。Step3ではこれを意識して、人を取材するような気持ちで信念と流儀を明らかにして、吸収していきましょう。

越境学習でブレイクスルーさせる

越境学習とは？

ここまで、マインドセットのアンラーンのやり方を説明してきました。さらに加速させるためには、もっと**意図的に新しい環境に身を置く必要**があります。その方法として、昨今注目されているのが、「越境学習」というやり方です。

越境学習とは、普段勤務している会社や職場を離れ、まったく異なる環境に身を置き働く体験をすることで、新たな視点や考え方などを得る学びのことです。越境学習にはメンタルブロックを破壊し、マインドセットをブレイクスルーさせる高い効果があります。

リスキリング体験記④では研究部門からマーケティング部門への越境を紹介しましたが、越境学習を行う際には、今の組織に籍を置いたまま、短期または長期にわたって別の業務や会社、プロジェクトなどへ参加することが一般的です。越境学習支援サービスを提供している株式会社エンファクトリーに取材したところ、越境学習の具体的な方法として以下の3つがあるそうです。

①複業留学型
自社業務を行いながら、ベンチャー企業などの他社の一員として課題解決に取り組む

②企業間複業プロジェクト型
他社メンバー数名でプロジェクトチームとして、自社／他社の課題解決に取り組む

③異業種交流型
数名の他社メンバーと対話しながら、課題解決に挑戦する

また、NPOや地方自治体で社会貢献活動に取り組む「プロボノ活動」なども越境学習の1つといえるでしょう。

特に「①複業留学型」では大きな意識や行動の変容を起こす人が多いようです。一例と

して、コールセンターのオペレーターの仕事をしていた女性が、ベンチャー企業に越境した話があります。役割が線引きされていない組織の中で仕事を進めていったところ、自分には企画力があることに気がつき、越境終了後に企画系の部門に異動し成果を上げている、というものです。

このように、マインドセット変革の成功事例はたくさんあります。オペレーターとしての「言われたことをキッチリこなす」というマインドからベンチャー企業での「曖昧な状況下で何をすべきかを見出す」というマインドへの変革は、越境学習ならではといえるでしょう。

実際の仕事をいきなりオペレーターから企画職へ変えるのは難しいものがありますが、越境学習を経験するとマインドセットやスキルセットの検証ができたうえで転換するので、成功確率も高まります。

越境学習から得られるものは？

このように、重要なのはこの越境学習によって、**どんなマインドセットの変化が起きるか**です。実際に複業留学を体験した人のインタビューから、どのような変化が起きたのかを抜粋してみましょう。

「失敗を恐れずに思い切りできる環境だった。今までのやり方が正解じゃないことを知るいい機会だと思う。」

「別の分野の方が自分は活躍できるかもしれないと、あらためて自分を見つめ直すきっかけにもなり、反対に今の自分のポジションが恵まれていることや、自分の強みなどに気づけたりした。」

「違いを感じたことは、スピード感と主体性。トライ&エラーでまずやってみるというところが、すごく新鮮だった。」

「ベンチャーでは一人何役もこなすので、視点が広がった。」

「これまで言われたことをしっかりやるというスタイルだったが、曖昧な状況の中でも前に進める曖昧耐性がついたと思う。」

「新しいことに飛び込むのが怖くなった。隣の芝生は想像以上に青かった。」

「複業留学を経験したことで、今までの仕事の範囲がとても狭いことに気づいた。これからは自分の業務も、視野も広げていきたい。」

「1つの会社にいると、偏った常識や知識しか得られないことを実感した。」

「他者を巻き込むことの大切さを実感した。変なプライドは捨てて人生の勉強だと思って取り組むべきだと思った。」

いかがでしょうか。体験した人のほとんどは、このような気づきを得て変化をしているそうです。

越境学習が必要な人とは？

私が特に越境学習によるアンラーンが必要だと考えるのは、以下の特徴が数多くあてはまるときです。自分はいくつあてはまるかチェックしてみましょう。

- □「うち（の会社）では……」が口癖になっている
- □「普通」「一般的に」「絶対」という言葉をよく使う
- □誰かの話を聞いても「そんなこと当たり前だろ」と思う
- □研修やセミナーで話を聞いても「それ知ってる」と思う
- □会社名や肩書を名乗らずに自己紹介するのは苦手

□忙しさを何かをやらない言い訳にしている
□新しい概念は自分には関係ない世界の話だと思っている
□〝いつものやり方〟はここ数年ずっと変わっていない
□前提が決まっていない中での仕事は苦手
□仕事はできているが「これでいいのか」と焦燥感がある

チェックがついた人の中には、今の仕事があまり上手くいっていなくても現状に疑問を抱いていない人もいれば、上手くこなせていても「これでいいのか？」と焦燥感を持っている人もいるはずです。特に後者は「健全なる危機感」を持っている人です。こういった人は越境学習に対しても前向きに捉え、自ら動ける人です。前者も、いざ越境学習をしてみれば大きな変化が起こります。

越境学習者は二度死ぬ

越境学習では、越境した直後に、元いた場所との様々な違いに打ちのめされて葛藤し、越境から戻ってきた時には、もともとの自分の職場の信念や流儀と、越境学習で得た信念や流儀がせめぎあって、また葛藤するそうです。

この2つの葛藤が、「越境学習者は二度死ぬ」といわれる所以《ゆえん》です。これは**「越境学習者は二度の葛藤を通して学ぶ」**という意味です。

1つ目の葛藤は、当たり前すぎて気づかなかった「社外では自社や自分の常識が通じない」という葛藤。

2つ目の葛藤は、社外で得た学びを社内に取り入れようとするときに生じる葛藤です。越境して、新たなことを学ぶようになると、「何でうちは○○なんだろう?」「こうしたらもっと良くなるんじゃないか」などと、今までの景色が異なって見えてきます。そこで、越境で得た学びを自社で適用しようと思うわけです。しかし、その熱量や学んだことが周囲に理解されず、浮いてしまうなど、様々な葛藤が生じます。

この2つの葛藤こそが、マインドセットのブレイクスルーにつながります。多くの越境学習の支援をしている担当者に、越境学習を通じて得られるものは何かを聞いてみたところ、**「曖昧耐性が身につき、〝まずやってみる〟マインドになること」**という答えが得られました。

曖昧耐性とは、曖昧な状況への寛容さと、自分ができることへの明確な認識からなる、セルフマネジメント能力のことです。時間の捻出や権限委譲が行われることで、曖昧耐性は高まり、指示や前提などが提示されなくても、仮説や推察をもとに仕事を進めることができるようになります。

これは、リスキリングに限らず、自分を変えるうえでかなり必要不可欠な変化です。多くの人はこれまでに身につけた信念と流儀でしか動けない、もしくはそれしか許されないとがんじがらめになっています。

それが揺さぶられ、**自分の解釈や行動の選択の余地が思いの外大きいと気づくことは、自分の人生の裁量権が自分に返ってくることを意味**します。そうなったら同じ仕事を続けるにしても、新しいことにチャレンジするとしても、かなり幸せな状態といえるのではないでしょうか。

越境学習は一見ハードに思えますが、自分をブレイクスルーするうえでうってつけの体験です。自分の会社に越境学習のプログラムがあれば是非応募してみることをおすすめします。また、会社にそういったプログラムがない場合でも、政府や自治体のリスキリング支援の中には、DXなどのスキル習得だけではなく、個人の越境学習を支援するためのベンチャー留学のようなプログラムもあります。

自分のマインドを変えるには、環境を変えることに優ることはありません。リスキリングで成果を出せる人は、自ら越境に飛び込んでいく人だといえるでしょう。

Chapter8

マインドセット変革編

有形・無形資産の活用と維持

【マインドセット変革編】の2つめとして本章では、リスキリングを成功させたり、やる気を維持するための様々なテクニックや考え方をご紹介します。具体的には、自分の持つ有形・無形資産であるヒト・モノ・カネ・時間・健康をどう有効活用するのかお話しします。

リスキリングのゴールは単に学ぶことではなく、新しい仕事で成果が出せるところまで成長することです。今までの延長線上ではないところまで成長するには、持っている資産を有効活用して原動力として働かせる必要があります。

Chapter3で、自分が持っている、有形・無形の資産はリスキリングや自己変革の成功確率を上げるものだと説明しました。しかし、せっかく自分が持っている資産があったとしても、上手く活用することができなければ、徐々にやる気は失われてしまい、リスキリングは失敗してしまいます。もしくは、リスキリングに成功したとしても、大きな回り道をしてしまうかもしれません。

自分がどんな資産を持っているのかを把握し、有効活用できるようになりましょう。これはリスキリングに限らず、仕事や人生を豊かなものにすることにもつながります。

図表0-2

リスキリングの進め方全体像（再掲）

リスキリング準備：キャリア実現のアプローチを描く

Step1 リスキリングの理解（6人のリスキリング成功体験記）

Step2 リスキリング目標設定
キャリアストーリー／リスキリング目標／資産棚卸し

スキルセット変革

Step1 概念の理解
全体像の把握とインプット
- 3種のリスキリングマップ
- 書籍・研修・セミナーでの学び

Step2 具体の理解
実践とフィードバック
- 実践と人からの学び
- ラーニング・ジャーナル

Step3 体系の理解
学びの体系化
- フレームワークによる構造化

Step4 本質の理解
本質を導き出す
- 因数分解
- べし・べからず集

マインドセット変革

Step1 マインドの覚醒
3つの壁を乗り越えて覚醒する

思い込みの壁　恐怖心の壁　環境の壁

アンラーニング／越境学習／副業・複業

Step2 有形・無形資産の活用と維持
5つの資産を有効活用する

ヒト　モノ　カネ　時間　健康

資産その①ヒト
仲間と共に学ぶ

まずは仲間を探す

リスキリングを成功させるうえで**最も重要な資産はヒトという無形資産**です。ヒトは、リスキリングのスピードを加速させ、成功確率も格段に上げてくれます。

ちなみに私は「人脈を作る」「人脈を広げる」という言い方はあまり好ましくないと思っています。異業種交流会などで闇雲に名刺を集めても、本物の人脈を作ることは難しいでしょう。

人との関係を深め、お互いに信頼関係が築けた時に結果的にできるのが人脈です。「リスキリングに有利だから……」という気持ちで誰かと知り合いになろうとしても、あまり上手くはいかないでしょう。

ではどうするかというと、**同じ志を持つ仲間を探す**のです。同じ領域のリスキリングを目指していればベストですが、比較的近い領域であれば、お互いのメリットがあり、かつ刺激にもなります。

私は何かを学ぶ時には「一緒にやる人、もしくは興味がある人いないかな……」と探します。最近であれば、ゴルフを始めた際に探しました。これは「仲良しグループで楽しく」という目的ではなく、切磋琢磨してお互いに高め合う人を探すためです。どうしても一人だと挫折しがちな時にも、相手の上達や進捗を見ると、自分も頑張ろうと思えます。

また、その相手が予想外の進展や成長を見せると、「あ、短期間でここまでできるんだ」と時間のメンタルブロックがはずれます。一人だとどうしても「初めてだから、こんなものだろう」と自分の成長にキャップをしてしまいがちです。

まずは切磋琢磨できる仲間を探してみましょう。

やってはいけない「黙って闇練」と「知ったかぶり」

自分が不慣れな領域でのリスキリングとなると、「できていない自分を見られるのは嫌だ……」と人に言わず、一人でこっそりと学ぶ、いわゆる「黙って闇練」になりがちです。

私もその一人でしたが、結果的に上手くいかないことが分かり、今では恥も外聞もなく、「こういうことを学んでいます」「こういうことを始めました」と宣言するようになりました。

現代はすべての領域において仕事の専門化や高度化が進んでいます。つまり、知らないことは恥ずかしいことでは全くないのです。どんなに成果をあげている人でも、違う領域のことまですべて分かっていることはありませんし、**孤軍奮闘で遠回りしている時間はとてももったいない**のです。

ついつい、いい格好をしたくなりますが、実はそちらのほうがかっこ悪いといえます。私は仕事柄、多くの経営者の方にお目にかかりますが、そういう方ほど「教えてください」という姿勢で、とても謙虚です。

私が色々な講座やセミナーに一般人として参加すると、よく「清水先生がなぜ……?」と言われますが、自分が知りたいと思えば躊躇しません。その領域においては、自分は素人扱いされてもまったく気にしません。

そもそも、**自分が気にするほど、周囲は他人の無知を気にしてはいません**。どんなに初歩的なことを聞いても、誰もバカになんてしないのです。むしろ、頼られて気分がよくなるのか、喜んで教えてくれるものです。

自分が知らない・できないという事実を曝《さら》け出そうとすると、怖いとか恥ずかしいという感情が出てきます。それでも、その殻を打ち破らなくてはいけません。「聞くは一時の恥、聞かぬは一生の恥」という諺があるように、ちょっと恥を忍んで分からないことをその場で教えてもらうほうが、後々恥ずかしい思いをせずにすみ、得られるものは大きいのです。

マウンティングはリスキリングの邪魔になる

リスキリングをするうえで、次にやらないほうがよいのは、「マウンティング」です。「マウントをとる」とは見栄をはって相手よりも自分のほうが優位だと見せつけるような言動を指します。知ったかぶりもそうですし、学ぶ過程において「自分はこれくらいできている」と、相手との差をことさらに強調するなどの行為もあります。

リスキリングは学校の勉強や試験とは違います。人との優劣を競うようなことではなく、あくまでも自己変革です。そこで他の人を気にしても意味がありません。確かに自分より、仲間が先行しているとよい刺激になりますが、そこでやるべきことは自分がもっと効率的で効果的なやり方を教えてもらうことです。自分のほうが優れているとマウントすることではありません。

自分より優れた人がいるなら、ラッキーだと思いましょう。そこでマウンティングをしても、「この人は何を言っても無駄だ」と思われて、相手から距離を置かれてしまいます。そんなことをしていては、リスキリングの成功は遠のくばかりです。目指すことは効果と効率のよいリスキリングだと思えば、見栄や一時的な優越感を得たいという欲望などに惑わされず、何が一番よいやり方なのかは自ずと見えてきます。

マウンティングは過去に成功体験を持つ人が陥りやすいので注意しましょう。過去の、ある状況下で優秀だった自分に固執し、それを誇示したくなるわけです。新しい領域で、できない自分を認められないために「いや、私は本当はすごいんだ」と言いたくなってしまう心理があります。私自身も新しいことを学ぶ際に、マウンティングしたくなる心理になることもありました。

ある時、自分よりあとからその領域について学び始めた人に、気がついたら追い越されていたことがありました。できないこと自体がかっこ悪いのではなく、早くできるようになるために最短ルートをとらないことが、かっこ悪いのだという気づきを得ました。

ついマウンティングしそうになって「私は……」「俺は……」と言いたくなったら、それをぐっとこらえて、**「ちょっと教えてもらえると嬉しいんだけど……」と口にしてみて**

ください。

私はこれを口癖にするようになってから、学びの取れ高が倍以上になっただけでなく、スピードも速くなり、信用も得られるようになりました。自分で調べるよりも聞いたほうが早いですし、この人は変な見栄をはらないと思われれば、相手も気持ちよく情報を提供してくれます。

打たれ弱さを克服する方法

私がこれだけ「自分が勉強していることをオープンにすると、メリットがありますよ」と言っても、なかなか実行に移せない人もいます。オープンにするということは、周囲の指摘や批評の目にもさらされます。すると、どうしても打たれることを恐れてしまうのです。

ここは覚悟が必要です。**リスキリングでは、打たれることを避けて通ることはできません。**黙って一人で身につけた知識やスキルでは、みんなにオープンにして叩き上げられたスキルや知識に絶対にかなわないからです。より仕事ができる、より稼げるのは後者です。自分視点で通用するようなものではなく、他者視点で磨いてもらってこそ、使えるスキルになります。

ダメ出しをされたとしても、それは人格否定ではありません。リスキリングする過程で出会う、講師や仲間、先輩などは、「ここがちょっと分かりにくい」「もっとこうするといいよ」など建設的なフィードバックをくれる人が大半です。**「打たれる」ではなく「磨かれている」**と認識を変えてみましょう。

仲間と自然に切磋琢磨できるようになる口癖

では、どのようにしてリスキリング仲間と切磋琢磨していくか、具体的なやり方をお伝えします。**ついつい見栄をはったり、マウントしたくなる気持ちを抑えるには、相手に「感謝する」「褒める」「讃える」ことを意識しましょう。**

何か教えてもらったら「そんなこと知ってる」などと思ってたとしても「教えてくれてありがとう」とお礼を言う。相手が上手くできたときは「いや、私はもっとできるけど」とマウントを取らずに「すごいね！」と褒める。どちらがすごいか競いたくなったら「私たち、結構いいところまでできてるよね」とお互いを讃える。

「感謝」「褒める」「讃える」ができているグループやコミュニティは、非常によい学びの連鎖が起きます。私は様々な研修の中で意識的にこの言葉を受講生たちがお互いにかけあうように声がけをしています。

また自分が学ぶ際にも「素晴らしい！」「ありがとう」「私たち、すごいよね」などを口癖のようにしています。この口癖を真似した人がいたのですが、学びの連鎖が広がって自分も仲間もすごいスピードで成長できたと効果に驚いていました。

そもそも**仕事は自分一人でするものではないので、試験のように自分だけ抜け駆けしようとしても本当の学びは得られません**。一人だけムスッとしていたり、マウントする人がいるとコミュニティ全体の学びが減ってしまいます。自分を鍛えてくれるのは他人だと思えば自分も貢献しようという気持ちになると思います。

ＦＹＩ（ご参考までに）で流通情報量を増やす

外資系で働いている人は「ＦＹＩ」という言葉がタイトルについたメールを受け取ったことがあるかもしれません。これは「**For Your Information**」の頭文字で、相手の参考になりそうな情報を送る際につけるものです。日本語で言えば「**ご参考までに**」ということになります。

そんなに大層な情報でもなく、頼まれたわけでもなく、マウントをとるわけでもなく、「こういうこと興味があるかな」「これは役に立つかもしれないな」と相手のことを思って参考情報を送るのです。

ちょっとした記事のリンクでもいいですし、何かおすすめの本でも何でもよいのです。送られた人で嫌な気分になる人は少ないでしょう。これは学ぶテーマに直接関係なくても、相手の趣味に関する情報とかでもよいのです。

人は自分に興味を持って何かをしてもらうと、自分も返そうと思う、返報性の心理が働きます。実際に私もＦＹＩで参考情報をお送りした方から「ありがとう！　そういえば……」ととても有益なことを教えてもらったこともありました。

資産その②モノ 環境から学ぶ、環境を整える

今いる環境から学ぶべきこと

リスキリングは新たな仕事に就くことを目的としていますが、**今自分が置かれている環境からも学べることはたくさんあります**。前のChapterでご紹介した越境学習を経験した方々は口を揃えて、「今の環境がいかに恵まれているかに気づき、学べることがたくさんあることがわかった」と謙虚な気持ちになっているそうです。

私自身も会社を辞めて10年近く経ちますが、会社にいる間に学べたことがいかに多かったかということをいまだに実感します。現在の私がまがりなりにもこうして仕事を続けていられるのは、間違いなく会社で色々なことを学ばせてもらったおかげです。会社に勤めている時は、そんなことは思いもしませんでした。

会社で受ける教育プログラムを含め、仕事全般であったり、役割や他者との協働作業を通じて実に多くのことを学び、吸収しました。それは私だけではありません。あらゆる職業で、あらゆる人が何かしらを学び取っています。そして、それを意識できるかどうかで、学びの取れ高は変わってきます。

会社は、給料をもらいながら、様々なことを試せる場です。こんなお得な環境はそうそうありません。

ひどい上司に悩まされていても、それを反面教師としながら良好なコミュニケーションのあり方や部下のモチベーションの上げ方を学び、考える機会になります。ブラック企業や不正会計を行うような会社でも、つまずきの芽ややってはならない行動をつぶさに観察することができるでしょう。そのうち会社を辞めて独立すると思えば、どんな環境にあっても**会社を修行の場ととらえる**ことができるはずです。

今いる環境から吸収できるものは吸収し、学べることは学んでいく。そう思ってみることで目の前の景色が変わってくるでしょう。

学びもDXしてみる

DX（デジタルトランスフォーメーション）は、現在どの領域でも必要だとされています。自分自身の学びについても、取り入れてみるのも1つの手です。

昔ながらの紙と鉛筆にもメリットはありますが、デジタル化することで学びの生産性を上げることは、仕事をしながらのリスキリングにとっては必須です。本来のDXは、プロセスやビジネスモデルそのものも変えていきますが、まずはそこまで求めなくてもいいので、デジタル化から始めてみましょう。chapter5の「概念の理解」などを参考にしてみてください。

資産その③カネ
投資と経費で支出を考える

学びへの投資は3年で回収できる

学びについてのお金の使い方は2種類あります。**1つは、学びへの投資、もう1つは学ぶ時間や気力を確保するための費用です。**

投資は中長期的観点で自分に利益をもたらしてくれるお金の使い方で、学びにおいては書籍代や研修受講費です。一方費用は短期的にもたらされる効果のために使われるもので、学びの環境を整えたり、時間を捻出するために使われるものです。

まず学びへの投資ですが、皆さんは自分の収入のうち、どれくらいを投資していますか。「学んでもそんなに収入なんて変わらない」と考えて、自腹を切って学ぶ必要はないと思う人もいるかもしれません。しかし、『経済財政白書』（2018年度）によると、自ら学

図表8-1

自己啓発とその効果

自己啓発は将来的な年収の増加や就業確率の
上昇等につながる

自己啓発が年収と就業確率
（専門性の高い職業に就ける確率）に与える影響

年収の変化

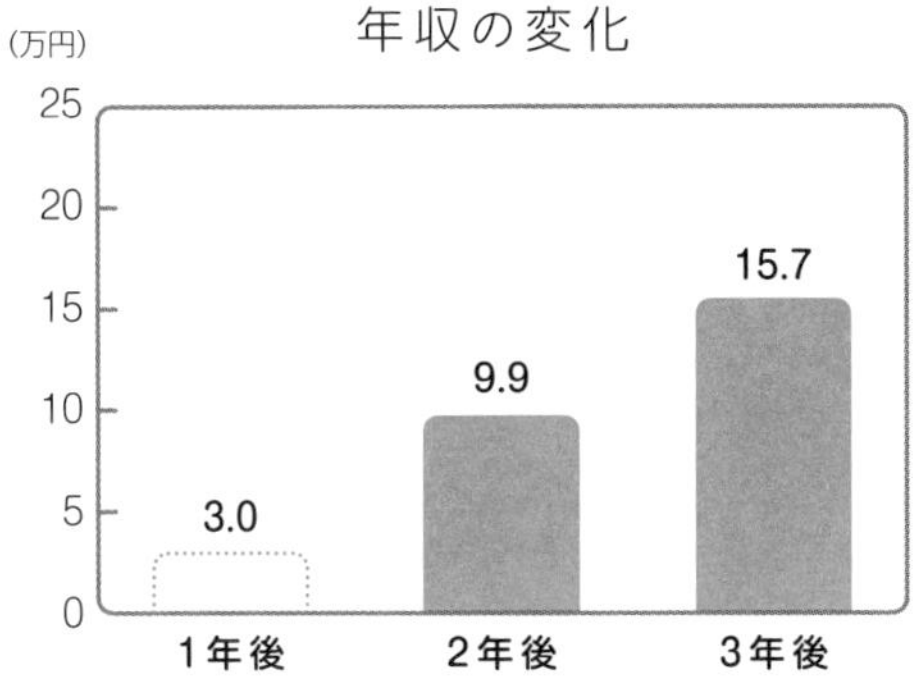

就業確率の変化

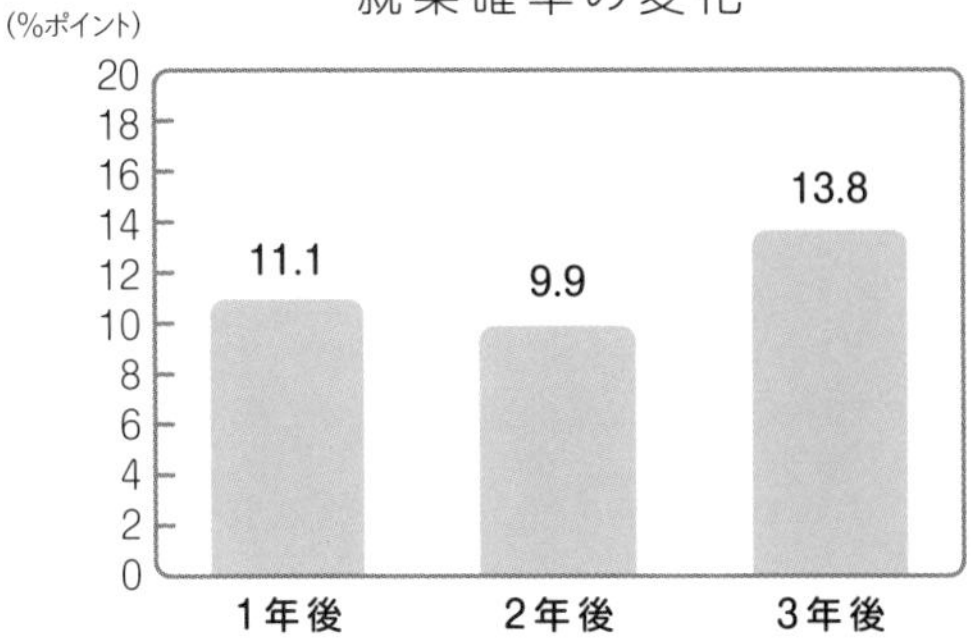

ぶことによって年収や専門性の高い仕事に就ける確率は確実にあがるという調査結果が出ています。これを見ると、投資の効果が出るのは3年後と考えるのがよさそうです。

実際に私がリスキリング指導をしてきた経験からは、投資効果が出るのは3ヶ月から長くて1年です。リスキリングをしなれている人はそれだけ投資回収も早くなります。じっくりと数年かけて準備をして新しい仕事に就いて……というよりも、エントリーレベルに必要なリスキリングを素早く行って、あとは**新しい仕事をしながら必要なスキルを見極めながら投資していく**というやり方がよいでしょう。

収入の10％程度を学びへの投資に回す

月収の10％程度を学びに投資する、と考えるのはいかがでしょうか。例えば、毎月コンスタントに書籍などに費やす金額を決めておきます。残りは積み立てて、まとまった額になったら、年に一度くらいを目安にスクールやセミナーなどに、その積立金を使うよう計画しておくのです。

「月に数万円も学びの投資に回す余裕はない」と思う人もいるかもしれませんが、本当にできないかどうか、日頃使っているお金を見直してみましょう。利用しているかどうか自分でも分からないサブスク費用、とりあえず参加した飲み会、惰性で買っているコーヒー代……。こういったものを見直せば、捻出できる額ではないでしょうか。**学びへの投資ですから、その場で消費してなくなるのではなく、数年後に増えるのです。**逆に投資しなければ、今の収入が続き、物価上昇などを考えれば目減りすることになります。

収入のことばかりではありません。やりがいや自分を成長させてくれる仕事に就けるということは、人生を豊かにすることにもつながります。自分の収入のうちどれくらいを投資に回せるのかシミュレーションしてみましょう。

学びの時間を捻出する経費

2つ目は、経費としてのお金のかけ方です。特に、多忙なビジネスパーソンはこれを考えないと、学ぶ時間や気力を確保できません。睡眠を削ったり、とにかく気合で頑張るなどという精神論だけでは良質な学びの時間は生まれてきません。

学びの費用には2つあります。**1つ目は学ぶ時間を捻出するための費用。2つ目は学びやすい環境を作る費用です。**

学ぶ時間を捻出するための費用の例をあげると、家事のアウトソースや、移動時間を学びの時間に変えるための費用があげられます。

家事については高性能な家電などで時短するというテクニックなど、たくさんの選択肢があります。また家事代行などのアウトソースも検討してみましょう。掃除や炊事、ベビーシッター、子供の送迎などの労働のアウトソースもあります。

最近では「Yohana」という家族のTo-Doをサポートしてくれるファミリーコンシェルジュの画期的なサービスも出てきました。1週間の献立を考える、週末の予定の予約、家族の誕生日パーティの提案、リフォームの見積もり、旅行計画の提案、美容院などの予約……など、調べるのにかなり時間がかかるものから、ちょっとした予約作業などまで代行してくれます。金額は月額1万円ですが、今まで自分がかけている時間を考えてみると、学ぶための時間を捻出する費用と考えれば検討も可能ではないでしょうか。

何かを考えて意思決定するというのは、頭の労力を大きく使う行為です。これを日常の中で無駄遣いしてしまうと、いざ学ぼうと思っても頭が疲れていて集中できないということになってしまいます。学びのために、アウトソースできるものは何かを書き出してみましょう。

また移動時間を学びにあてられるよう、通勤でグリーン車を使ったり、オーディオブックなどで「ながら勉強」ができるようにするのもよいでしょう。

学びの生産性を上げる経費

2つ目の経費は学びやすい環境を整えて、生産性を上げるための経費です。学びのデジタル化を進めるために、パソコン、タブレットなどを新調したりしてもよいでしょう。

私は、自分の身の回りをペーパーレス化するにあたり、どうしても手書きのメモは考えをまとめるうえで必要でしたので、iPad、Apple Pencil、手書きのような質感の画面フィルムを購入しました。これを使えば、手書きメモやノートもいつでも参照できます。タブレットも自宅用はA4サイズ、持ち運びは軽めのB5サイズと複数使い分けています。

こういったデジタル化の経費だけではなく、自宅の椅子や照明、文房具なども快適なもの、お気に入りのもので揃えてみましょう。**腰痛や眼精疲労は避けて通れませんが、少しでも快適な環境を整えておくことで軽減につながります。**

資産その④時間
学ばないから忙しい

「忙しいから学べない」はもう通用しない

「仕事が忙しいから、学ぶ時間がとれない」とは、学んでいない人がよく使う常套句です。私が講師をつとめる企業研修でも、以前は「彼は営業でお客様からすぐに呼び出されるので仕方ない」「彼は優秀だから仕事が集中するので仕方ない」と、研修を欠席しても大目に見てもらえる人が多かったのですが、最近では傾向が変わってきました。

今は仕事の生産性が問われる時代です。学ぶ時間が確保できないほど忙しいのは、むしろ仕事ができない人と見られてしまいます。**「忙しいから学べないのではなくて、学ばないからムダに忙しい」のです。**

もはや忙しいことが評価され、他に時間をさけないことを大目に見てもらえる時代ではありません。むしろ「いつもバタバタしている仕事ができない人」というレッテルを貼られかねません。

私の周囲には、週の稼働日が3～4日で大きな収入を得ている人がたくさんいます。そういった人たちの共通点は学びに貪欲なことです。稼働時間が短く学びの時間がとれる→もっと効率がよく成果が出るやり方を学べる→稼働時間が短くなり、収入が増える……というサイクルを回し続けることができているのです。

忙しいことを言い訳にせず、学ぶ時間を確保しましょう。この時間は、自分自身の将来に対する大切な投資となります。

学びの基本は短期決戦

リスキリングはあまり長期の計画を立てず、短期決戦で臨むほうが効果的です。1年間毎日学習を続けるといったことは、よほど自分に厳しい人でなければ、できないでしょう。

でも1週間だけ、1ヶ月、数ヶ月だけ短期集中ということなら何となくできそうな気がしませんか？　乗り気のしない勉強でも1週間程度なら続けられます。人はモチベーションをそう長く維持することはできません。いくらキャリアの目標がはっきりしていても、それを実現するために数年かかると言われたら、さすがにモチベーションは下がります。

とはいえ、数年あるいは数十年にわたって学び続けるテーマもあります。ビジネスパーソンにとって、マネジメントスキルやリーダーシップなどは長期間、ともすれば生涯にわたって学び続けることになるかもしれません。しかし、そういったテーマを学ぶ場合でも、まずは集中的に数週間～1ヶ月程度の知識やフレームワークを習得するための短期学習を心がけるのが賢明です。

学習には**「ラーニングカーブ」**というものがあります。ラーニングカーブとは、学習量を横軸、学習効果を縦軸として、その関係性をグラフで表現したものです。このグラフは、常になだらかな右肩上がりの線を描くわけではありません。「しばらくはジリジリと低空飛行を続け、ある一点を超えると一気にググッと上昇カーブを描く。そのあとまた低空飛行に入り、どこかの一点でまた上昇カーブに……」といった繰り返し。

これは、**学びの成果は、単純に時間に比例して高まるのではなく、「土台が身につくと、そのあとの吸収力や理解力が一気に向上する」**ことを表しています。どんな領域の勉強にもあてはまることでしょう。この「ある一点」をいかに早く迎えるかが、全体を通して効率よく学習するポイントになります。たとえ生涯をかけての学習テーマだとしても、最初

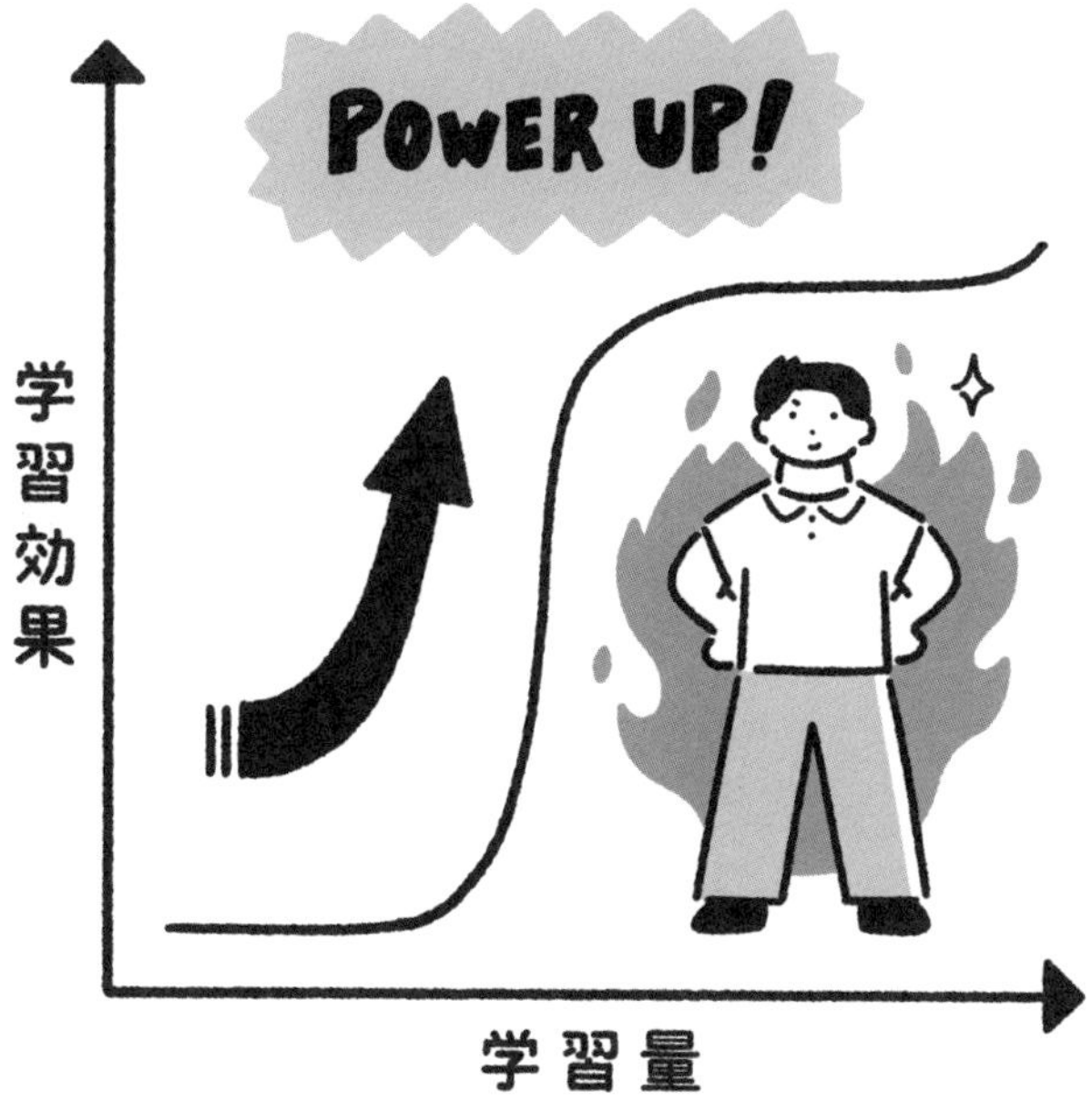

の数週間〜数ヶ月の詰め込みが、そのあとの人生に大きく影響を与えるのです。

私は昨年ゴルフを始めましたが、その際に「最初の1年間で上達したレベルからそのあとはあまり変わらない」と言われました。よって「始めて1年で100切り」という目標を立てて、集中的にやっており、今は目標達成間近という状態までできました。

もちろん仕事のリスキリングではないので、そこまでやらなくてもよいのですが、短期決戦の時間投下は仕事でもプライベートでもラーニングカーブのある一点を超えることを促進します。

毎日「30秒」頑張ってみる

学びにかけられる時間は多ければ多いほどよいと思われがちですが、初めから「1日3時間」などと、無理のある計画を立てることはおすすめできません。参考までに書店に並んでいる勉強法の本を10冊ほど読破してみたところ、「毎日最低、○時間は頑張る」というミニマム時間の設定として、一番短かったのは30秒でした。次が10分。長くとも30分。1時間という設定を推奨する本は皆無でした。

多くの書籍を読んでいる有識者の方は、まとまった読書時間はほとんどとっておらず、移動や仕事の合間の時間で読んでいるようです。人の集中力はそれほど長くもたないから、というのがその理由です。実際に脳波を見てみると**人の集中力は15分単位で上がって下がるというサイクルを繰り返す**そうです。逆に考えると、15分あるなら集中して何かを学ぶことができるのです。

「短時間で集中的に学ぶ。それを毎日続ける」

それにしても30秒は短すぎると思うかもしれませんが、30秒は、自分にきちんと勉強させるための「最後の砦」と言ってもいい時間設定です。30秒と思っていても実際には、5

分、10分、気がつけば30分経っているものです。

このように、毎日の自分の学習時間に対して無理なハードルを作らず、究極まで下げることは、学習を始めるエントリーポイントとして必要ではないでしょうか。

実は私自身も1日の時間を固定で計画することはなく、「3ケ月毎日、〇〇する」ということだけを決めます。**毎日のハードルを下げておく**と、途中で挫折する可能性が少なくなります。

資産その⑤健康
健やかな断捨離で集中力を確保する

睡眠時間を削らずに何を削るか

仕事をしながら学びの時間を確保するために、睡眠時間を削るという方法に手を染める人が多いように思います。長い目で見ると、**睡眠時間を削って学習することは、「百害あって、一利なし」**です。睡眠時間を削って勉強時間を1時間確保しても、眠い目をこすりながらでは、大して頭に入ってこないでしょう。

また、1日中睡眠不足感に囚われ、本業の仕事の能率まで落ちる恐れもあります。最悪の場合、自分の身体までも壊してしまいかねません。

睡眠以外でも休息の時間が必要です。人間は機械ではありませんから、常に気を張って、仕事や勉強をし続けることはできません。

私は定期的に**「戦略的だらだらタイム」**をとるようにしています。何も予定も入れず、仕事や勉強、家事もしてはいけない時間です。性格上、ついついたまっているTo-Doを片付けたくなるのですが、この時間だけは死守してだらだらします。

以前はずっと動き続けて、1日にどれくらいTo-Doを片付けられたかをよしとしていたのですが、ある時から突如電池が切れたようにパタリと動けない、考えられない時間がくるようになったのです。そうなると少し休んでもすぐに元通りに動けるわけではなく、リカバリーに1週間くらいかかる時もあります。

ちょっとの無理が、大きな損失になってしまいます。つくづく、健康は貴重でかけがえのない資産だと認識し、それ以降は「戦略的だらだらタイム」をしっかりと確保するようになりました。

また、**お酒は学習能力の低下につながる**ようです。集中力がなくなることと、記憶力が悪くなることの、2つの悪影響があるのです。何かを学ぼうとするなら、睡眠時間よりもお酒を削るほうが効果的でしょう。

私はファスティング（断食）を年に1度程度します。酵素ドリンクだけで、飲酒はもちろん、食事を摂らない期間を短くて3日間、長いと2週間くらいとります。ファスティング期間中は、身体が軽くなるだけでなく、頭が冴え、視界が良好になります。

睡眠もかなり良好で眠くて起きられないということがなくなります。これは、食物を摂らなければ消化活動をしなくてすむ分、身体をしっかりと休めることができるからです。

誤解していただきたくないのですが、飲酒や食事をやめましょうということを言っているわけではありません。**自分の健康はかけがえのない資産であり、学ぶためにも必要**だということを考えていただきたいのです。何をしたらもっと健康的になり、学び体質になれそうか自分の方法を探してみてください。

集中力は有限であることを意識する

健康に気をつけるのは、集中できる時間を増やすためです。あまりにも多忙だと、色々なことに気を取られるため、集中力は落ちてきます。そこで**集中力という資源**を学びに集中させるために、何かをやめる、もしくは自動化する、ということが必要になります。

何をやめるかという点では、仕事を削るという考え方もあります。仕事をサボったり、手を抜くという意味ではなく、これまでの業務プロセスに、時短のメスを入れるということです。いわば、**一人「働き方改革」**です。

例えば、メールを五月雨《さみだれ》式に処理するのをやめて、メール対応の時間を区切ったり、会議や外出をまとめてスケジュールに入れて移動時間を減らしたり、といったことです。また、同じような資料作成が多いなら、次回はどうやったら短い時間で作成できるかを考えて、テンプレート化するなどもできるでしょう。様々な仕事に時短のメスを入れると、単に**学習時間を捻出できるだけでなく、普段の仕事の能率の改善にも結びつきます**。

また、日常的に私たちは多くの選択をしながら生活しています。例えば、何を食べるか、何を着るか、誰と会うか、どう過ごすか……。数えきれない程の意思決定を毎日していきます。私たちは、ほんのちょっとしたことを決める時でも、頭のCPUを使って答えを導き出しています。それが積み重なると脳の疲労につながり、しっかり思考しなくてはいけない時に考えられなくなってしまいます。

有名なエピソードとして、故スティーブ・ジョブズ氏が毎日同じ服装をしていたことや、イチロー氏が毎日同じ食事をしていることなどがあげられます。そこまで追求しなくてもよいのですが、**毎回毎回何かに悩む時間は、場合によっては削ってもよい時間**です。特に選択するのが楽しくない、毎回煩わしいと感じるのであれば、思い切って考えなくてもよいルーティンにしてしまうのも1つの手です。

ちなみに私の場合は、昼食はいつも同じものを食べています。服装も、講演パターン、研修講師パターンなど、オケージョン別に決めています。持ち物も、出張用、打合せ用とパターン化して別々のバッグに入れています。それぞれのバッグに入れるために同じものを複数持っていたりしますが、毎回毎回持ち物をチェックしたり、忘れ物をするなどのリスクを考えるとそのほうが確実に自分の選択にかける集中力を使わずに済みます。

また、集中力を奪うものの代表に、スマートフォンがあります。ちょっとスケジュールを確認するだけ、ちょっとメッセンジャーを確認するだけ……。そんなつもりでスマホを手に取って、気がついたら数十分経っていた、という経験をしたことがある方は多いのではないでしょうか。スマホはとても便利で、今や生活になくてはならないものになりましたが、集中力を奪う問題児でもあります。そこで付き合い方を工夫する必要があります。

まず、**学習するときや本を読むときはスマホを同じ机の上に置かない**ようにしましょう。目につかないところ、できれば違う部屋に置いておきます。机の上など目につくところに置いてあると、触らなかったとしても、意識がそちらに向いてしまうからです。違う部屋に置いておけば、わざわざ席を立って取りに行くのも億劫になりスマホを触らずに済みます。

また、各種通知をオフにするのもよいでしょう。私の場合は、アイコン上のバッジなども、未読件数やお知らせの数などが目に入り、つい対応したくなるので、すべてのアプリケーションで通知をオフにしています。集中したい時間には、マナーモードや機内モード

でオフラインにしてしまうのもよいでしょう。
そこまでやらなくても……と思う方は、一度**スクリーンタイム**という使用時間が分かる機能で、**自分がどれくらいスマホを見ているかをチェック**してみてください。数時間は確実に触っているでしょう。その時間、集中力は浪費され、学びにかける時間も減っていると考えられます。

集中力は有限です。限られた重要な資産をどう使うかしっかりと考えてみましょう。

学びのストレッチゾーンを乗り切る

新しいことを学ぶのは勇気がいるとともに、ストレスもかかります。「ストレッチゾーン」

という言葉を聞いたことはありますか？　ストレッチゾーンとは、安心感や居心地の良さを感じる領域＝コンフォートゾーンを出て、ちょっと不安やストレスを感じる領域という意味です。

ストレッチゾーンでは、未知の出来事に遭遇したり、失敗したりするリスクがあり、そのため少し気を張った状態になります。**ストレッチゾーンは別名「ラーニングゾーン」ともいわれ、大きな成長が期待できる領域**でもあります。

コンフォートゾーンは居心地はよいかもしれませんが、成長はあまり期待できません。ずっとここにいることに固執しているとゆでガエルになりかねません。ストレスがかかることを理解したうえでストレッチゾーンに踏み出すことが必要です。

しかし、あまりにも不安やストレスレベルが高くなりすぎると「パニックゾーン」に入ってしまいます。パニックゾーンは、ストレスや負荷が許容範囲を超えるくらい強すぎる領域です。この領域でも成長は期待できますが、限界を超えているので、大きな挫折や病気などを引き起こし潰れてしまう可能性があります。

つまり、**程よいストレスがかかる状態にいるのがよい**わけですが、チャレンジングなリスキリングともなると、ストレスレベルも高くなりがちです。私もコンサルティング会社に転職した時は、ストレッチゾーンを大きく超えて、パニックゾーンに入ってしまい、眠

図表8-2

人が成長するための3つのゾーン

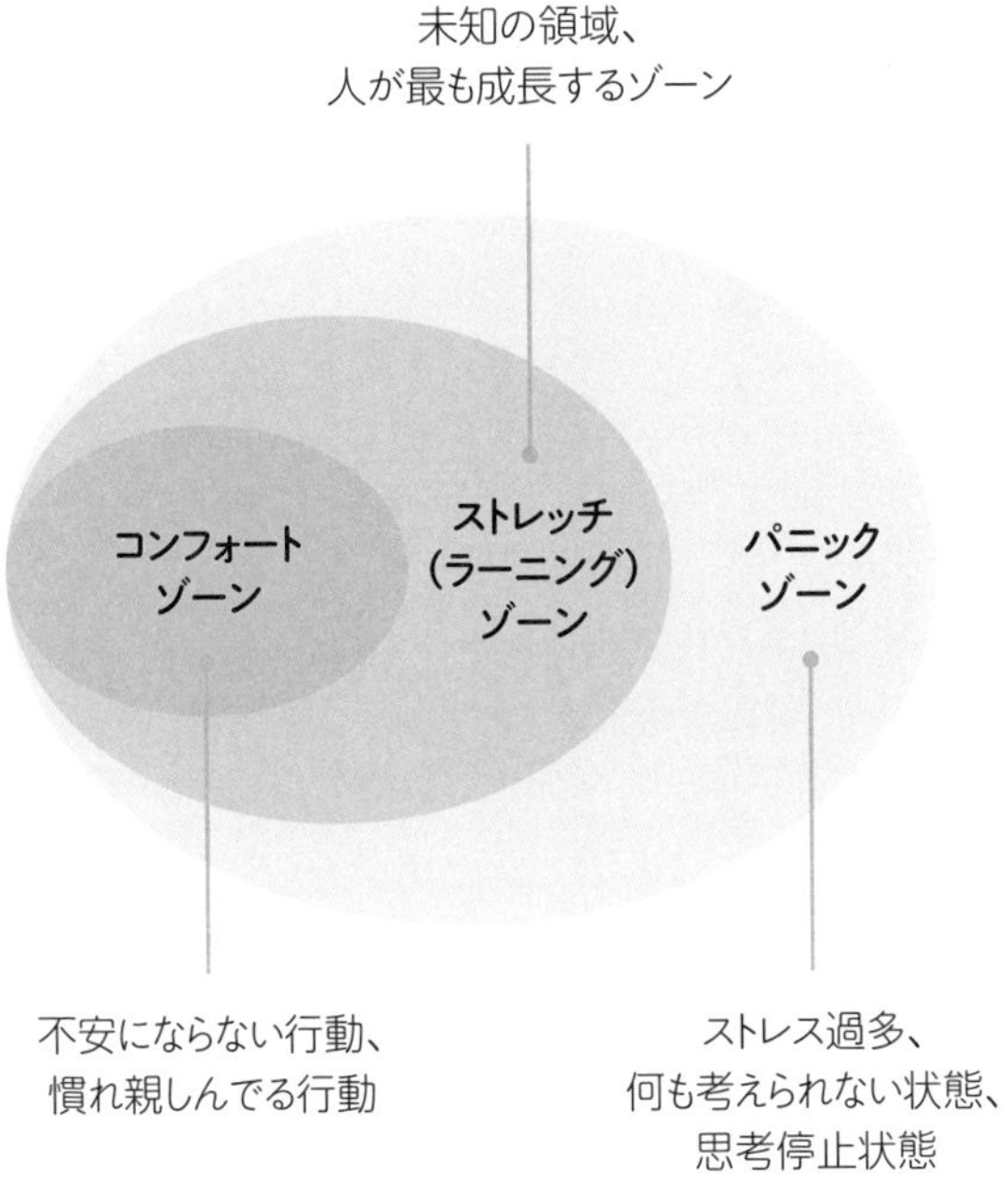

れない日々を過ごした経験があります。できればあんな思いは二度としたくないと思っています。

私はもともと新しいことに対する耐性が低いほうで、一歩踏み出すことがとても苦手でした。そんな私が今や、あれこれと新しいことを学ぶのが苦ではなくなったのは、ストレッチゾーンにいる時に**「そこにいるだけで良しとしよう」「今は分からなくても、できなくても当たり前」**という考え方に切り替えられたからです。

すぐに成果が出ないと焦ってしまったり、上手くいかないことを気に病んで、必要以上に自分にダメ出しをしてしまうと、パニックゾーンに入ってしまいます。パニックゾーンに入りそうな時には、「自分は今ストレッチゾーンにいるんだ。すぐに上手くできなくても大丈夫。まずはここにいるだけでOK」と自分を客観視して、寛容になるだけでだいぶ楽になるのです。

「わからない、できないからと焦らない。まずはその環境に身を置く、その場に座っているだけで良しとする」

これは、自分を楽にする重要な考え方です。何もできなくとも居続けることで同化していく、それが学びの第一歩なのです。自分の学びの一歩を軽やかに踏み出し、ラーニングゾーンを健康的に乗り切れるようになりましょう。

あとがき　つまるところ「学ぶ」とは……

最後までお読みいただき、ありがとうございます。あとがきとして、私が考える学びの意味を2つお話しさせてください。

1　学びは不安を解消する

日本人の生物学的な特徴のひとつに、不安遺伝子を保持する割合が多いことが挙げられます。ChatGPTなど生成系AIが登場して「仕事を奪われるのではないか」と不安を感じている方は多いと思います。

不安を感じやすい特性には悪いことばかりではなく、利点もあります。リスクへの感度が高く対応するのが得意なのです。実際に不安遺伝子の保有率の高さは、学力やIQの高さにつながるとも言われています。不安は、未知なるものをしっかりと知り、対応しようとすることによって解消されるからです。

もし、何かに不安を感じたら、学びへの入り口に立ったと考えてみてください。学ぶことによって不安を払拭し、乗り越えていった体験の蓄積が、人生を広く深く豊かなものにしてくれると思います。

2 学びは快感を得られる

この本の執筆中に、研修講師向けの講座を受講しました。「既に成果も出しているし、講師として活躍しているのになぜ?」と尋ねられることもありました。講師歴15年以上の私が、新たに講座を受講するのは、知らず知らずのうちに凝り固まったマインドをほぐすためでもあります。今回は、「あ~! そういうことなんだ」「何だ、こうすればいいのか!」というアハ体験が得られました。

アハ体験とは「ふとした瞬間に〝あっ〟と閃き、これまでの謎や物事が理解でき片付く感覚を表す心理学上の概念」のことで、「内省と対話と行動」から生まれてきます。自分ができることや、すべきことを内省し、それを他者との対話によって深く認識するのです。実際に行動してみて、気づきを得られた瞬間はとても気持ちがよいものでした。そして驚くことに、1ヶ月という短期間でこの経験がかなりの収入アップに直結したのです。

歳を重ね、キャリアを積んでも学びの取れ高を高いものにするノウハウは活かせるのだ、と改めて実感しました。学びのコミュニティから得られる刺激や気づきで脳細胞が活性化した気がします。

最後になりますが、私の1冊目の学びの本から10年以上の長きにわたりご担当いただだいている東洋経済新報社の齋藤宏軌様、新たな視点で編集していただいた齋藤弘子様、越境についての知見をおしみなくご提供してくださったエンファクトリーの加藤健太様、松岡永里子様、27回ものジョブチェンジという貴重な体験をシェアしていただいた日比谷尚武様、あまりにも過酷な経験からたどりついた境地と学びを惜しみなく見せてくれた中鉢慎様、学ぶのに忙しい私を呆れながらもあたたかく見守ってくれる家族に心からの感謝を捧げます。

本書をお読みいただいた皆様の人生の学びの旅路が豊かなものになりますようにお祈りいたします。

2023年10月

清水久三子

【著者紹介】
清水久三子（しみず　くみこ）
株式会社AND CREATE代表取締役社長
1998年にプライスウォーターハウスコンサルタント（現IBM）入社。企業変革戦略コンサルティングチームのリーダーとして、多くの新規事業戦略立案・展開プロジェクトを主導し、大規模・長期間の変革を成功させる。人材育成分野を専門とし、人事・人材育成に関するプロジェクトをリード。2005年、社内約7000人のコンサルタントを対象に、コンサルティング&SI事業部門の人材ビジョン策定、育成プログラムを担当。多くのメディアにも取り上げられ、「プロを育てるプロ」として認知される。2013年に独立後、ビジネス書の執筆や全国での講演・講師活動を開始。2015年には創造性と生産性を向上させるプログラムを提供する株式会社&create（現AND CREATE）を設立。日経ビジネススクール、日本能率協会、Schoo、Udemyなどで看板コースを多数持つ他、大学などで講師を務め、受講者はのべ3万人を超える。著書に『プロの資料作成力』『プロの課題設定力』『一流の学び方』（いずれも東洋経済新報社）など20冊超。

リスキリング大全
キャリアの選択肢が増えて人生の可能性が広がる

2024年1月30日発行

著　者――清水久三子
発行者――田北浩章
発行所――東洋経済新報社
〒103-8345　東京都中央区日本橋本石町 1-2-1
電話＝東洋経済コールセンター　03(6386)1040
https://toyokeizai.net/

装　丁…………小口翔平+神田つぐみ（tobufune）
イラスト…………山本啓太
ＤＴＰ…………高橋明香（おかっぱ製作所）
印刷・製本……丸井工文社
編集担当………齋藤宏軌／齋藤弘子
 Printed in Japan　ISBN 978-4-492-53469-4